# マンガ　資金力3倍トレードの心得

まるまるわかる信用取引

てらおか　みちお



Pan Rolling Library

## マンガ　資金力3倍トレードの心得

## CONTENTS

■免責事項
この本で示してある方法や技術、指標が利益を生むあるいは、損失につながることはない、と仮定してはなりません。過去の結果は必ずしも将来の結果を示すものではありません。この本の実例は教育的な目的でのみ用いられるものであり、売買の注文を勧めるものではありません。また、投資を斡旋・推奨するものではありません。

# 信用取引を始めよう

さあ
株価チェック
何か面白い
銘柄は
ないかな…
あ、メールが
来た
♪
1通のメールを
受信しました

件名：オフ会のお知らせ
株式研究会
オフ会のお知らせ
皆様投資の成果はいかがですか
さて今回のオフ会は信用取引について
勉強することになりました
とくに空売りについては詳しくレクチャーして
もらいますので皆様ふるってご参加ください
株式研究会のオフ会だ
空売り…
やったことないけど面白そう
よし！参加しよ

株式研究会オフ会
今回のテーマ
信用取引
みなさんこんにちは株式研究会オフ会です
今日は信用取引について勉強したいと思います
今回の先生は株歴30年
信用取引の達人大金福太郎先生です
はじめまして大金福太郎です
きょうは信用取引について私の知識・経験を皆さまにお話したいと思います

皆さんの中で
信用取引の経験のある方
・・・・・・
先生…わしゃ長期投資家なんでのう信用取引はまだ…
あれは期日《きじつ》があるんじゃろ
それが気にいらん
それにいちばんわからんのが空売りというやつ
何で持っていない株が売れるんじゃ…いくら考えてもわからん

そうですよねえ持っていない株が売れる…
不思議ですよねえ…
空売りについては後ほど詳しく説明します…その前に…
買いだけの投資スタンスがいかに危険であるかということをお話したいと思います
例えれば粗末な武器しか持たずに戦場に出て行くようなものです
大暴落はいつやってくるかわからない…
その時買いしか知らない投資家はただ指をくわえて見ているだけ…
気がついたら半値、三分の一、五分の一なんてことはざらにあります
わーんどこまで下がるんだよおお

しかし空売りは暴落時にも利益を出すことができる…投資家にとって強い味方なのです
今まで空売りは悪という風潮がありましたが時代は変わりました！
ネットトレーダーなどの間では空売りファンが増殖中です
先生
先生は空売りしかやらないんですか？
そんなことはありませんよ状況に応じて両方やります
トレンドが上か下かを十分に考えて…
不思議なことに空売りをやるようになって買いもうまくいくようになりました

昔はよく急騰した株を成り行きで買いに行って大損しました
こーんなとこ買っちゃったこと何度もあるんだから…
絶好の空売り銘柄を買いに行くんですから随分ばかなことをしたものです
どうしたら空売りができるようになるんですか?
まず信用取引の口座を作らなければいけませんが…
その前に…
信用取引とはどういうものなのかを
順を追って説明していきましょう!

# CHAPTER 1

# 空売りって何?

# 1-1 下げ相場に強い空売り

さて皆さんはまだ信用取引をやったことがない…
現物取引のみでしたよね
ということは株価が上がらなければ利益を得ることができないということです
それに対して信用取引は信用売りいわゆる〝空売り〟ができます
さきほども言いましたがつまり…
こういうことです
上げ相場であろうと下げ相場であろうとどちらでも利益を得るチャンスがある!!

これが信用取引の最大の魅力です！
力強い上昇相場もよし！
暴落もまた楽しい！です！
いやじゃあ！暴落はいやじゃあ！
わしは暴落のたびに塩漬け株を抱え込んで今ではみんな古漬けじゃあ！
おじいちゃんみんなそうなのよ
おじいちゃんだけじゃないんだから
うるうる
信用取引には期日というものがあるので塩漬け株を何年も持つということはできません
そのため機敏な対応が要求されます

先生　買った値段より上がれば儲かるというのはわかるのですが…
下がったら儲かるという理屈がわかりません
わたしも…持っていない株を売れることが不思議で
さっぱりわかりません　空売りって…
そうですね　そこが皆さんが一番不思議に思うところですよね
株券
持っていない株がなぜ売れるのか…それは…
証券会社が株券を貸してくれるからです
そしてその借りた株券を売るのです
例えば時価1000円の株を1000株空売りする場合…

まずあなたは
証券会社からA株券
1000株を借ります
借りるといっても
あなたが直接証券会社
に行って借りるわけでは
ありませんよ
あくまでもイメージ
ですからね
証券会社
A株券を1000株貸してください
はいどうぞ
株券
それを株式市場で
売るのです
そうすると売却代金の
100万円が入ります
これはあなたの口座に
入るわけではありませんよ
証券会社に担保として
留め置かれます
売り！
株券
そして思惑通り値下がりして
900円で買い戻ししたとすると…
買い戻しには90万円あれば
いいわけです
やったー下がった！
買い戻し！
900円

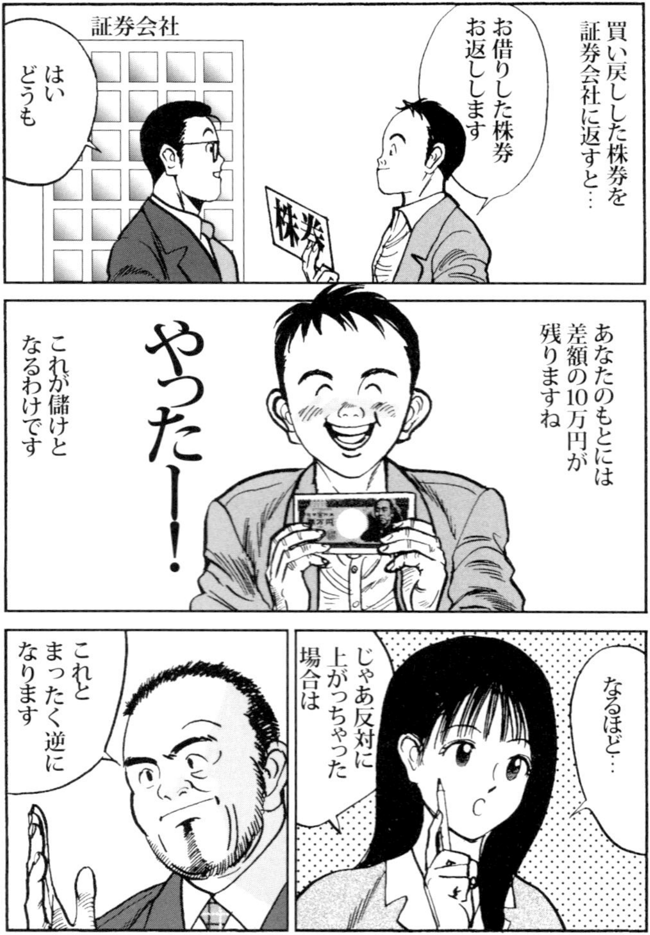

買い戻しした株券を証券会社に返すと…
お借りした株券お返しします
株券
証券会社
はいどうも
あなたのもとには差額の10万円が残りますね
やったー!
これが儲けとなるわけです
なるほど…
じゃあ反対に上がっちゃった場合は
これとまったく逆になります

１０００円で売った株が１１００円まで上がってしまった場合は…
1100円
わっ上がっちゃった！
ここで買い戻すには１１０万円が必要なわけですから…
あなたは10万円損したことになります
くっそお損した！
まあ理屈はこういうことですがあまり難しく考えないで空売りは…
下がったら儲かる
上がったら損する
…と覚えてください

では先生どんな株を空売りしたらいいんですか?
下がれば儲かるんですから上がった株を売れば儲かるんですか?
そんなに簡単に儲かるんだったらみんな大金持ちになりますよ
上昇トレンドにある株を空売りすることはきわめて危険なことです
空売りについてはのちほど詳しく説明いたします
実際に取引を始める前にまずしっかりと基礎を学びましょう!

## ～信用取引の種類～

信用取引には２つの種類があります。ひとつは「制度信用取引」、もうひとつは「一般信用取引」です。

### ①制度信用取引

これまで一般的に〝信用取引＝制度信用取引〟の図式となっていました。

制度信用取引とは、弁済期限（借りた買付代金や株券の返済期限）や品貸料《しながしりょう》（逆日歩《ぎゃくひぶ》：P．１０７参照）などが証券取引所の規定によって決められている信用取引のことです。また、対象銘柄は各証券取引所が定めたものに限定されます。

しかし制約も多い反面、新規売り（空売り）ができるなど、メリットも多い方法です。

### ②一般信用取引

最近人気を集めているのが「一般信用取引」と呼ばれるものです。１９９８年にはじめて制度化されました。

改正証券取引法の施行とともに登場した「一般信用取引」では、弁済期限や品貸料について、投資家と証券会社との間で自由に決められるようになりました。一般信用取引においては、信用取引の対象銘柄についても証券会社が独自に決めることができます。

一般信用取引は制度信用取引に比べて、制約が少ない反面、新規売りができない点や適用される金利が制度信用取引に比べて、一時的に高めになるなど、メリットの享受が少ないこともあります。

※ここでいう金利とは信用取引を用いて株を買うとき、必要資金を借り入れるのに適用される買方金利の利率のことです。

制度信用取引の場合だと、年3％程度（証券会社によって異なる）ですが、一般信用取引の場合だと年3％から4・5％程度かかります（証券会社によって異なる）。

CHAPTER 2

# 信用取引の基本

# 2-1 劇的に安くなった保証金

さて最近はネットトレーダーが激増中です
カイ!
クリック
彼らの多くが信用取引を利用しています
小口個人投資家が信用取引を利用できるようになったのは
委託保証金
保証金が劇的に安くなったことがあげられます
いくらくらいでできるんですか?
保証金30万円からできるようになりました
30万円
昔では考えられないような金額です
以前はいくらくらい必要だったのですか?
200万円とか…
証券会社によっては500万円とか

500万円！
それが30万円でできるんですか？
そうです インターネットでの信用取引は30万円の資金から始めることができます
ネット証券のメリットは何といっても売買手数料の安さ！
ネットトレーダーはそのメリットを利用して信用取引で頻繁に売買を繰り返しています
カイ
利益確定
少しでも利が乗れば利益を確定できるので資金の逃げ足はとても早く相場はめまぐるしく変化しています
よしウリ！
次はこっちの銘柄カイだ！
利益確定ウリ！！
わしゃついていけんの…
ハァ…
信用取引のハードルが低くなったことでこのような現象が起きていることを頭に入れておいてください

# 2-2信用取引の基本の基本

株を注文し約定したらその代金を支払う
これを「現物取引」といいますね皆さんがいつもなさっている売買です
その名のとおり手元に現物つまりお金がなければ売買できません
それに対して信用取引では…
こういうことになります
実際の株券や実際に必要な資金がなくても売買できる

信用取引と現物取引の違いをひと言で言うことはできませんが…
一番大きな違いは…
この二つと言えるでしょう
期限がある*
保証金が必要
＊期限を設けていない証券会社もある
保証金は最低30万円からできると言われましたが
期限はどのくらいなんでしょうか
（一般信用取引の場合）
6ヶ月
売買成立した日から6ヶ月以内に決済しなければいけません

それが気にいらんのじゃよ
わしゃ長期投資家なんでのう
はは
長期投資って…じっちゃんいつまで生きているかわからないのに長期投資ですか?
なんじゃとお!
ジョーダンですよー
さて信用取引には「信用買い」と「信用売り」があり…
おおよそのイメージは次のようになります

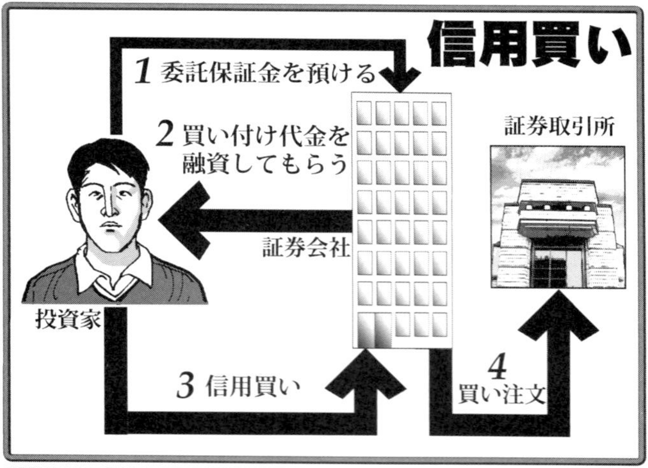
信用買い
1 委託保証金を預ける
2 買い付け代金を融資してもらう
証券会社
投資家
証券取引所
3 信用買い
4 買い注文

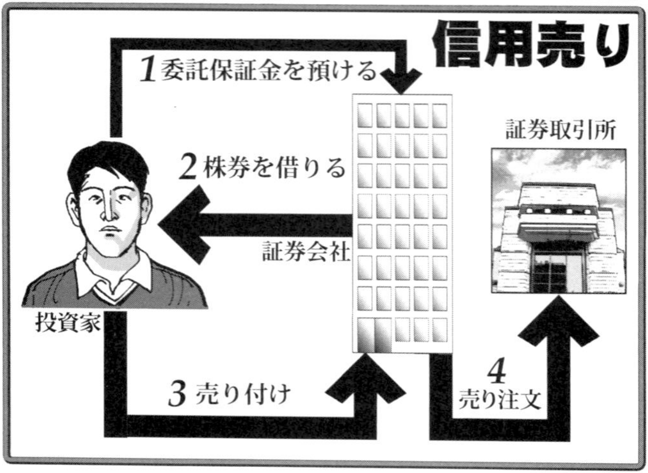
信用売り
1 委託保証金を預ける
2 株券を借りる
証券会社
投資家
証券取引所
3 売り付け
4 売り注文

# 2-3 信用取引の流れ

## 信用買いの流れ

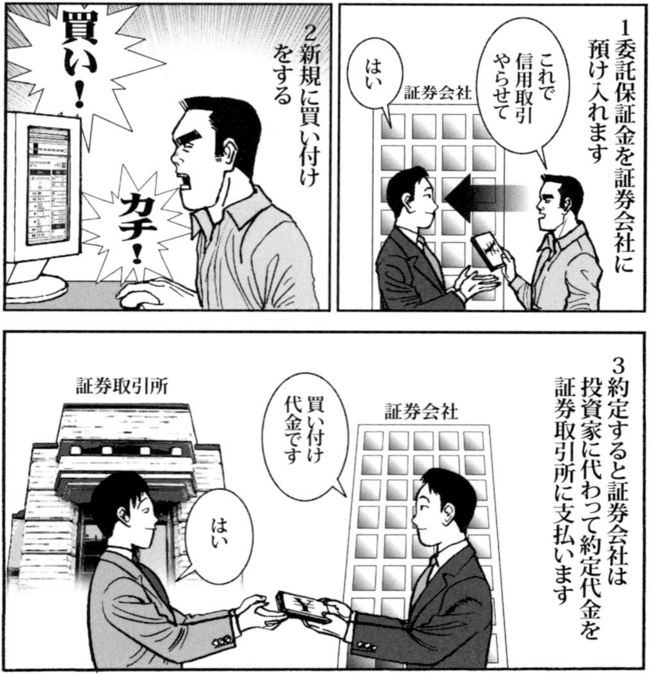

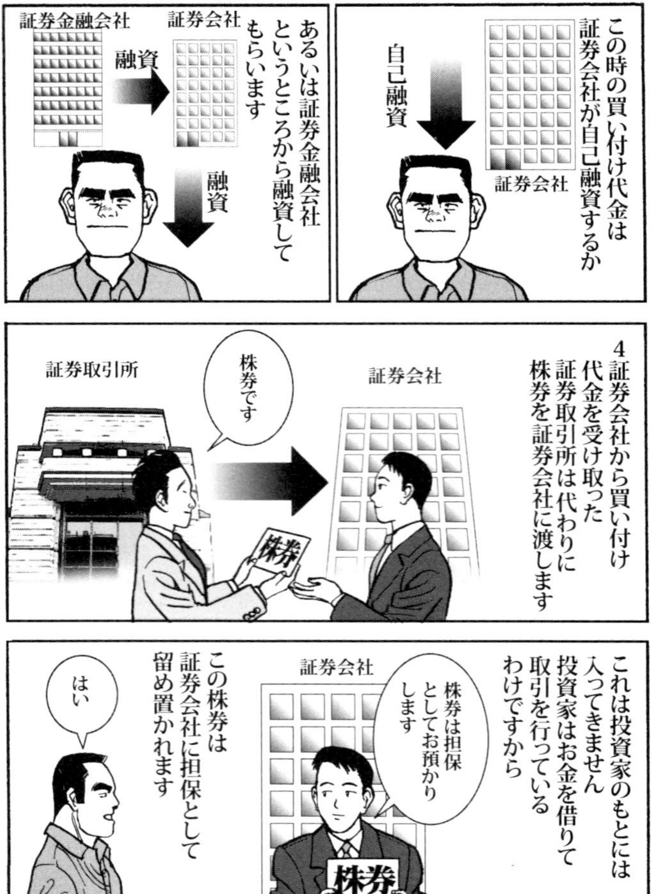

この時の買い付け代金は証券会社が自己融資するか
自己融資
証券会社
あるいは証券金融会社というところから融資してもらいます
証券金融会社
証券会社
融資
融資
4 証券会社から買い付け代金を受け取った証券取引所は代わりに株券を証券会社に渡します
証券会社
株券です
証券取引所
株券
これは投資家のもとには入ってきません投資家はお金を借りて取引を行っているわけですから
証券会社
株券は担保としてお預かりします
この株券は証券会社に担保として留め置かれます
はい
株券

5投資家の口座にはその代わり信用買いをしたという見掛け上の買い建玉が入ってきます
投資家口座
買い建玉《たてぎょく》

これが信用取引の買いの流れです次は売りの場合

## 信用売りの流れ

1委託保証金を証券会社に預け入れます
証券会社

2新規に売り付けをします
売り！
カチ！

3株券がないのに約定したわけですから証券会社はこの株券が手元にない場合は証券金融会社から調達してきます
証券会社
証券金融会社
株券貸してください
はい
株券

4 調達した株券を証券取引所に渡すと取引所から証券会社に売買代金が支払われます
株券です
売買代金です
証券取引所
株券
この売買代金は買いの時と同じように証券会社に担保として留め置かれ投資家の口座には入ってきません
証券会社
売買代金は担保としてお預かりします
わかりました
5 投資家の口座には信用売りをしたという見掛け上の売り建玉が入ってきます
投資家口座
売り建玉《たてぎょく》
信用取引の売りと買いの流れはだいたいこのようになっていますわかりましたか

# 2-4 信用取引を始めるには

では信用取引口座の開設についてお話します
皆さんはすでに総合口座をお持ちと思いますがお持ちでない場合はまず総合口座を開設してから信用口座の開設という手順になります
信用口座開設の申し込みはそれぞれの証券会社のホームページからできますが
わからない場合は電話かメールで問い合わせてください
信用取引口座開設にアクセスしたらガイダンスに従って信用取引のルールをよく読んでから面接希望日時などを入力します
えーと…
最低委託保証金は30万円…

※電話面接がない証券会社もある（WEB上で審査を行う）

# 2-5信用取引の基本ルール

## 委託保証金を預け入れなければならない

委託保証金は「担保」のことです
通常モノを借りるには担保が必要ですよね
担保
信用取引ではこの担保にあたるものが委託保証金です

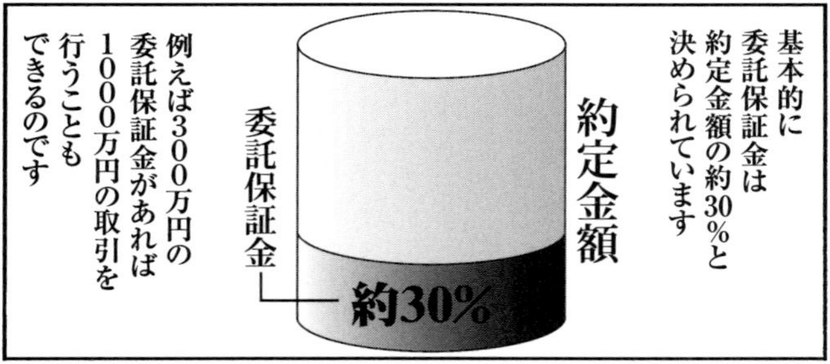
基本的に委託保証金は約定金額の約30%と決められています
約定金額
委託保証金
約30%
例えば300万円の委託保証金があれば1000万円の取引を行うこともできるのです

## 追証が発生することがある

皆さんはまだ信用取引をしたことがないということですが
「追証《おいしょう》」という言葉はきいたことがあるでしょう

ありまーす
追証がかかると
いろいろ大変
なんですよね
そうそう
追証とは
建玉の評価損や
担保価値の目減り
などにより
証券会社に追加で
差し入れなければ
ならない保証金
のことです
えーと…
建玉というのは
…
信用取引で
買い付けたものを
「買い建玉」
売り付けたもの
つまり空売り
したものを
「売り建玉」
といいます
その建玉の20％
以上の委託保証金を
維持するように
求めているのが
「委託保証金維持率」
です
「追証ライン」と
呼ぶことも
あります
建玉
20%
委託保証金維持率

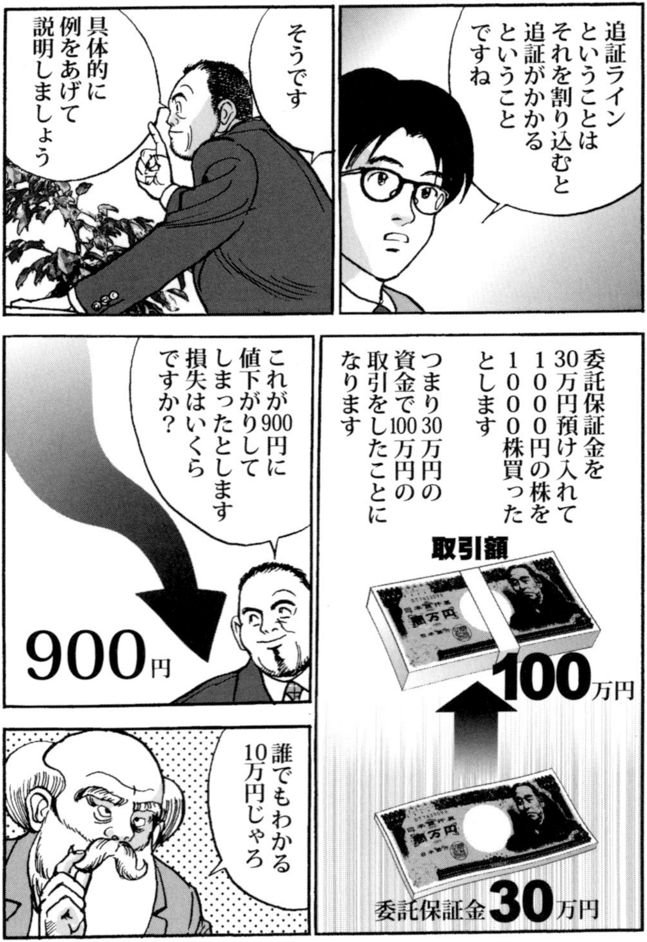
追証ライン
ということは
それを割り込むと
追証がかかる
ということ
ですね
そうです
具体的に
例をあげて
説明しましょう
委託保証金を
30万円預け入れて
1000円の株を
1000株買った
とします
つまり30万円の
資金で100万円の
取引をしたことに
なります
取引額
100万円
委託保証金30万円
これが900円に
値下がりして
しまったとします
損失はいくら
ですか？
900円
誰でもわかる
10万円じゃろ

そうですね実はこの10万円は最初に預け入れた委託保証金の30万円から引かれます
損失10万円
委託保証金30万円
ですから残りは？
20万円です
30万円あった委託保証金が20万円に減ってしまったことになります
さて先ほど委託保証金維持率は20％であると言いましたね
100万円の取引をしていて委託保証金30万円が20万円に減ってしまったということは現在の保証金は何パーセントですか
20％です
あ…これはピッタリ委託保証金維持率20％ということになりますね

そうです　つまり900円が追証ラインということになりまして
これ以上　下落すると追証が発生することになります！
えー　たった10％下がっただけで追証が発生するんですか？
その通りです　そしてこの追証は証券会社が設定している期日までに入れなければなりません
そしてさらに下落が続くと次々と追証が発生することになります
いやじゃあ！　そんなおそろしいことできるか！

大丈夫です追証をかかりにくくする方法があります
きちんと対処すれば追証もこわくありません後ほど説明いたします

## 期日がある

＊期日を設けていない証券会社もあります

※制度信用取引の場合

信用取引では6ヶ月以内に決済をしなければいけません
6ヶ月
つまり買ったものは売り売ったものは買い戻さないといけません
そのままにしておいたらどうなるんじゃろ
証券会社によって強制的に反対売買されてしまいます

## 金利がかかる

信用取引はお金や株券を借りて行う売買ですので当然金利がつきます
どのくらいですか？
新規買い建てをしたものは決済したときに日割り計算して支払うことになります
ちなみにこの金利は証券会社で自由に決めることができるのですべての証券会社で一定ではありません
反対に売り方は売り方金利として金利を受け取ることができるのですが現在の超低金利下では０％となっています
この金利は買い建てをしている投資家にとって思わぬコストになることがあるので気をつけましょう

## 貸株料がかかる

貸株料《かしかぶりょう》とは証券会社が売り方顧客に対して貸し付ける株にかかる金利のことです
後述する逆日歩《ぎゃくひぶ》とは違うので間違えないように

## 株不足になると逆日歩がつく

信用取引をまだやったことのない皆さんも「逆日歩」という言葉は聞いたことがあるでしょう

あります
でもよくわかりません

逆日歩がつくと空売りをしている人は困るんですよね

そうです
空売りをしている人には
じわじわと
きいてくるので
売り方は
注意が必要です
買いだ
カイ！
売り方を
締め上げろ！
反対に
買い方は
「逆日歩責め」といって
株を買い上がり
売り方を締め上げて
くることがあります
逆日歩は払わ
なくちゃいけないわ
株価上昇で損が拡大するわで
売り方は泣く泣く
買い戻しをします
するとそれによって
更に株価が上昇します
わぁあ
上がらないでくれ〜〜!!
逆日歩！
値上がり！
これを
「踏み上げ」と
いいますが…
これも
聞いたことが
あるでしょう
あります
私の知人で
踏まされたー
大損こいたーって
泣いてたやつが
いました

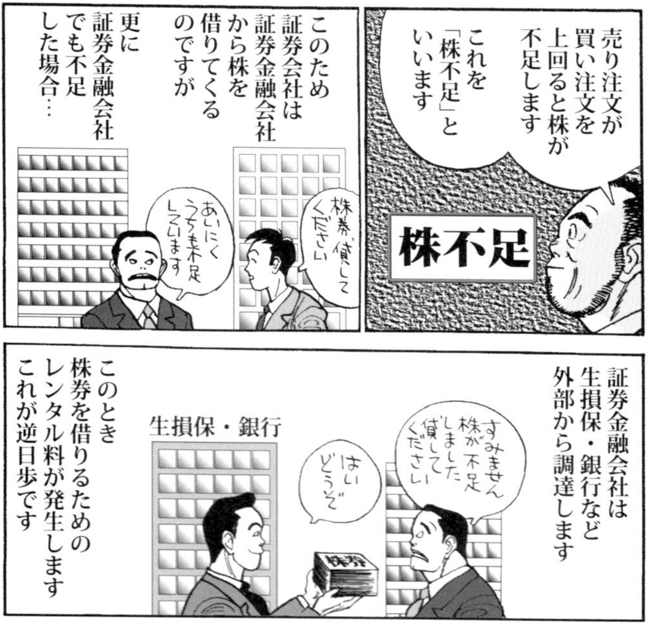
売り注文が買い注文を上回ると株が不足します
これを「株不足」といいます
株不足
このため証券会社は証券金融会社から株を借りてくるのですが
株券、貸してください
あいにくうちも不足しています
更に証券金融会社でも不足した場合…
証券金融会社は生損保・銀行など外部から調達します
すみません株が不足しました貸してください
はい どうぞ
生損保・銀行
このとき株券を借りるためのレンタル料が発生します これが逆日歩です

## 信用取引できる銘柄は決まっている

どんな銘柄でも信用取引ができるわけではありません
取引できる銘柄はあらかじめ決められています

え？
できない銘柄もあるんですか？
そうです信用取引ができるのはこの２つです
信用銘柄
貸借銘柄
信用銘柄の中で空売りができるものを「貸借銘柄」といいます
空売り
×信用銘柄
○貸借銘柄
信用銘柄は空売りができません信用買いのみです
どうして信用銘柄と貸借銘柄を分けているんですか？

発行株数流動性など証券取引所が定めた基準によって選定されます
どうやって2つを見分けるんですか？
新聞を見ると貸借銘柄には「・」の印がついているのですぐわかります


| | | | |
|---|---|---|---|
| ・NEC | 711 | 718 | 708 |
| ・富士通 | 680 | 683 | 671 |
| ・沖電気 | 380 | 383 | 376 |
| ・岩崎通 | 218 | 218 | 215 |
| ・NECインフ | 320 | 322 | 315 |
| ・電気興 | 418 | 426 | 418 |
| ・サンケン | 1222 | 1225 | 1200 |
| ・東洋通 | 484 | 491 | 475 |
| Ȧ富アクセス | 526 | 527 | 524 |

＊日本経済新聞2004年8月25日付

## 規制に注意する

株価の急騰が続いて過熱すると規制措置がとられることがあります
規制！
過熱
信用の規制が実施されると株価は大きな影響を受けます

先生 なんで
株価が上がると
規制するん
ですか
上がると
証券取引所は
困るんですか
そうではなくて
あくまでも
行き過ぎを
沈静化させる
ためです
信用取引の利用が
行き過ぎると
株価の急騰急落で
投資家に多大な
損害を与える
おそれがある
からです
過熱
この過熱感を
抑えるために
種々の措置が
とられるのです
主な規制
にはこの
ようなもの
があります
委託保証金の引き上げ
代用掛け目の引き上げ
代用の制限
信用取引の制限
または禁止

規制が入ると委託保証金の引き上げなどで新たな保証金を入れなければ取引を続けることができなくなったりします
規制には日頃から注意が必要です

## 税金について

利益が出れば当然税金がかかります
現物取引のみの皆さんもこれは同じですね

売却益にかかる譲渡益課税についてはこうなっています
現在の10％は平成20年12月までの特例措置です
基本20％課税
平成15年1月→20年12月末
10%
国税7%
地方税3%

＊2007年10月現在

ふぁふぁふぁ
わしゃ大損しているから税金など払わんでもいいんじゃ
どうじゃうらやましいじゃろ
ふぁ
ふぁ
ふぁ
くそおおお
それから特定口座で「源泉徴収あり」以外の口座を保有される人は確定申告を行う必要があります
ご存じですね

## その他にかかる費用

その他にかかる費用としてはこのようなものがあります
委託手数料
管理費
名義書換料
配当落調整額

※証券会社によって異なる

## ～信用取引をうまく活用するために知っておくべきこと～

### ①ハイリターンの分だけリスクもある

現物取引では、時価1000円の株を1000株買うときには100万円のお金が最初に必要になります。値上がると予想したこの株が、意に反して20％下落したときには、最初に用意したお金（100万円）も20％減る（20万円の評価損）ことになります。

信用取引の場合、時価1000円の株を1000株買うときに必要なお金は委託保証金率によって決まります。委託保証金率が30％の場合は、最初に必要なお金は30万円になります。

値上がると予想したこの株が、意に反して20％下落したとします。このとき、評価損の20万円は最初に用意したお金（30万円）から引かれます。つまり最初の資金から考えて約66％損失になるのです。

なお、この例の場合、追加の担保（追証）を差し入れる必要が出てきます。

前述したとおり、少ない金額で大きな利益を得るチャンスがある、というのが信用取引のメリットのひとつです。しかし、最初の資金が少ないゆえに、思惑どおりに株価が推移しないときには、瞬く間に資金が減少する可能性があるため、予想に反した方向に株価が動いている場合には常に注意を払う必要があります。

## ②短期決戦を心がける

先に紹介したように、信用取引には「6カ月以内」で決済しなければならないという決まりがあります（制度信用取引の場合）。買ったものは期日までに売る、売ったものは期日までに買い戻すという反対売買をしなければならないのです。

信用取引は、基本的には比較的短期売買を前提にした取引方法なので、そのときその状況に応じた迅速な判断が必要になります。

## ③金利に注意する

信用取引がお金や株券を〝借りて〟行う売買である以上、お金を借りた場合には借りた期間に応じて「日歩」と呼ばれる金利がつきます。株券を借りた場合には、「貸株料」と呼ばれる金利（株券のレンタル料的な意味合い）もかかります。ですから、金利に敏感でないと儲けが出たといっても、ぬかよろこびになる可能性が大いにあります。

もちろん、金利がつくことを考えると、長期にわたって建玉を保持することは、賢明とはいえません。短期決戦で望む姿勢が必要になってきます。

## ④信用取引ならではのコストがある

信用取引の場合、現物取引同様に委託手数料が取られるのはもちろんですが、前述したように金利や貸株料を負担しなければなりません。

株を買い建てる場合は、投資家が証券会社に対して「買方金利」を支払います。逆に株を売るときは、証券会社が投資家に対して「売方金利」を支払います。金利は証券会社によって異なります。

また、売方になった場合は「信用取引貸株料」というコストがかかってきます。これは手元にない株券を売るという空売りを行うときに、他から株券を借りてくることから発生するコストです（貸株料は証券会社によって異なります）。

さらに売方は、信用取引で売り建てた株券の売却代金を、証券金融会社などへの担保として利用するため、投資家はその運用利息を売方金利として受け取ることができます。

信用取引金利にしても信用取引貸株料にしても、基本的には金利情勢によって変わります。現在のように金利水準が低いときは、相対的に低めの金利が適用されます。

### ⑤税金と口座開設

信用取引も現物取引にも同じ税率が適用されます（2003年1月1日～2008年12月31日の間は所得税7％、住民税3％の合計10％）。

基本的に投資家は自分の損益について確定申告を行う必要があります。しかし、証券取引口座に特定口座を選ぶことで、納税に関して行う事務処理の負担を減らすことができます。

証券会社で開設する証券取引口座には3種類あります。「特定口座（源泉徴収あり）」「特定口座（源泉徴収なし）」「一般口座」の3つです。

この3つの口座は、それぞれ納税方法が違います。次ページにまとめますので、参考にしてください。

# 一般口座と特定口座

証券会社で開設する証券取引口座には
- **特定口座（源泉徴収あり）**
- **特定口座（源泉徴収なし）**
- **一般口座の３種類**　がある

※一般・特定口座ともに税率は変わらない

**【証券取引口座の比較】**

| | 特定口座（源泉徴収あり） | 特定口座（源泉徴収なし） | 一般口座 |
|---|---|---|---|
| 税率 | 原則として10% | 原則として10% | 申告分離課税が適用される（10%） |
| 確定申告 | 証券会社が行う | 自分で行う（年間取引報告書による簡単な申告） | 自分で行う |
| 損益の計算 | 証券会社が行う（年間取引報告書） | 証券会社が行う（年間取引報告書） | 自分で行う |
| 納税 | 証券会社が行う | 自分で行う | 自分で行う |

確定申告などの事務手続きを負担に感じる投資家には、特定口座の開設は大きなメリット

コラムSource『早わかり信用取引』

# CHAPTER 3

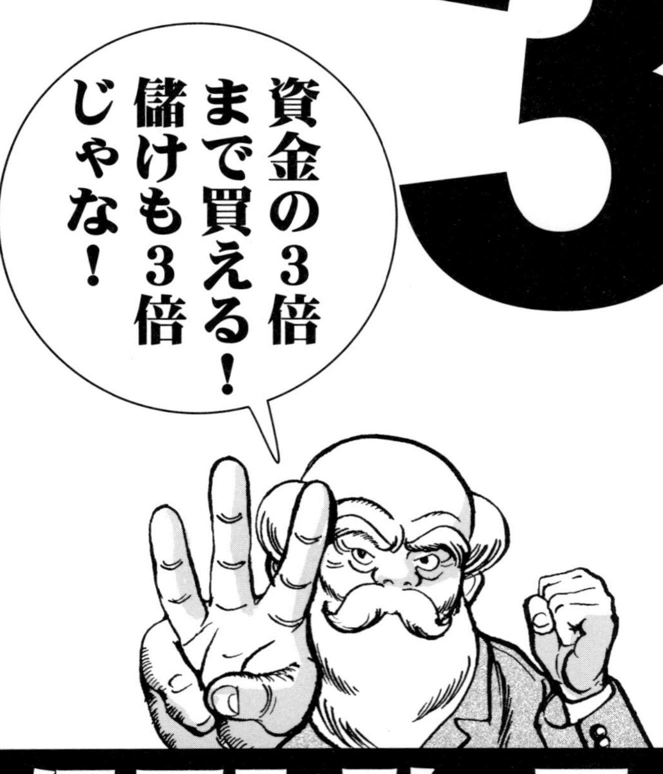
資金の3倍まで買える！儲けも3倍じゃな！

# 信用取引の買い

# 3-1信用買いの基本

信用取引の魅力はなんといっても少ない資金で大きな取引ができる
レバレッジ効果です
レバレッジ…カタカナはよくわからん
なんのこっちゃ
レバレッジ…つまりテコの原理のことで最大で資金の約3倍まで取引ができます
レバレッジ効果
前にお話しましたね例えば委託保証金30万円を預け入れれば約100万円の取引ができるのです
3倍

うんうん
儲けも3倍
大儲けですね
そのかわり損も3倍！
ズコ！
いえ それ以上になることもお忘れなく！
信用取引はハイリスクハイリターンの取引なのです！
お忘れなく！
ハイリスクハイリターン

# 3-2 信用買いの利益と損失

信用買いがどういうものかを知るには実際のお金の流れを見るのが一番です
ここでは話が複雑にならないように手数料、税金などは考慮しないで説明します
買った株が値上がりした時
例えば時価1000円の株を1000株信用買いしてその後1100円まで上昇した場合
1100
1000
ここで反対売買つまり売り決済をしたとすると利益はいくらですか
10万円です1000株で100円の値上がりですから
なんじゃ現物と同じじゃの

買った株が値下がりした時
時価1000円の株を1000株信用買いをして
1000
900
その後900円まで値下がりした場合
ここで反対売買(売り決済)をすると損益は?
10万円の損ですよね
現物取引とまったく同じですね
そうです委託保証金30万円で取引しているわけですが
100万円の取引をしていることにはかわりありません
ほんと現物取引とまったくおなじだな
皆さんがやっている現物取引と同じ感覚ですので理解しやすいと思います

# 3-3 信用買いの決済方法

反対売買
現引《げんびき》
信用買いの決済方法にはこのふたつがあります
「反対売買」とは文字どおり信用買いしていた株を売却することです
ここで利益または損失が確定します
「手仕舞い」ともいいます
もうひとつが「現引」？
それは何ですか？
「現引」とは買い付けた代金を渡して株券を受け取ることです
証券会社
代金です引き替えに株券をください
はい株券です
株券

つまり…信用で買った株が現物株になるということじゃの
なるほど
その通りです　信用買いした株が下がってしまった
ここで反対売買をしてしまうと損失が確定してしまう…
くっそぉこんなところで売れるかぁ〜
この株は将来性があるんだぞ!
しかしこの株は将来有望で売りたくない…こんな時有効なのが現引です
手元に現物株が残るわけですから「追証」も「期日」も心配する必要がなくなり…
現引
株券
腰をすえた長期投資に切り換えることができるのです
よし!
長期投資に切り換えだ!

# 3-4 予約買い

信用取引でレバレッジをかけた投資をするのはちょっとこわい…
そういう人にお勧めしたいのが買いたい株の「予約買い」です
予約買い…
聞いたことないなあ
1200
ここで買いたい!
例えばいま1200円の株が1000円まで下がったら買おうと思っていたとします
1000
思惑どおり1000円まで下がってきましたが手元に100万円の資金がなかったらどうしますか?
30万円の委託保証金を入れてあれば買えるんじゃないですか?
信用取引は…

その通りです30万円の委託保証金を入れてあれば信用で買えるわけです
そして現金が入った時…例えばボーナスが入った時に「現引」すればよいのです
現引については先ほどお話しましたどういうことですか？
はい現引というのは信用取引で買い建てた株の代金を支払って株券を受け取ることです
そうか…そうすれば買いたいときに資金がなくてもタイミングを逃さなくてすむわけじゃの
なるほど
そうです信用取引をちょっと組み合わせただけで投資の幅が広がるでしょ

# 3-5信用買いの心得

信用取引はレバレッジを利かせて少ない資金で大きな利益を生むことができますが
損
ゴン
損をする時も大きいと言いましたね

それを肝に銘じて自分の予測に自信のない時や
自信がない時は手を出さない
資金に余裕がない時は絶対に手を出してはいけません

信用買いの場合借りた日数に応じて金利がつきます
短期決戦を心がける
つまり長期にわたって取引を続ければ金利がかさみ…
余計な出費をすることになりますこのことからも勝負は短期決戦です！

# CHAPTER 4

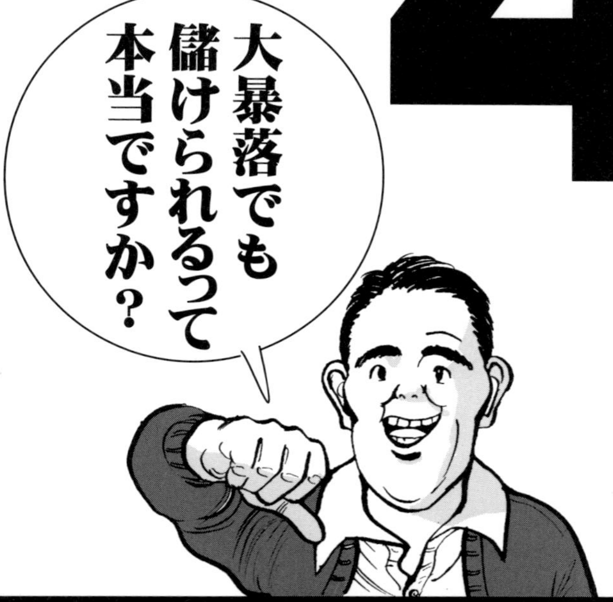
大暴落でも儲けられるって本当ですか？

# 信用取引の売り

さあいよいよ信用売りを本格的に勉強していきましょう
信用売りについて詳しく知ることは投資の幅を広げることにつながります

# 4-1信用売りのメリット

あたりまえのことですが
下がって儲かる空売りは
下げ相場でも儲かる
ということがいえます
今まで何度となく大暴落がありましたが
買いしか知らない一般投資家は投げるか…あるいは指をくわえてただその暴落を見ているしかありませんでした
ギャ

それを言わんでくれえ！
わしゃその地獄を何度見たことか！
ははは下がれ下がれ！
でも空売りを知っている投資家はその下げ相場でも大きな利益を得ることができるのです
大暴落もまた楽しい！です！

くっそー
もっと早くそれを
知っていたら

そうだよなあ
大儲け
できたかも
しれないのに
大儲け
どころか
塩漬けの
山…

# 4-2 信用売りの利益と損失

信用買い同様
信用売りが
どういうもの
かを知るために
お金の流れを
見てみましょう
わかりやすい
ように手数料や
税金などは
考慮しないこと
にします

**信用売りした株が値下がりした場合**

株価1000円の
A社株を1000株
新規売り…
その後900円まで
値下がりした
場合…

900円で反対売買(買い返済)をするとさてこの時の損益は?
10万円の儲けです
正解ですそれでは…
信用売りした株が値上がりした場合
逆に1000円で新規売りをした株が…
1100円まで上がった場合は?
そこで反対売買…つまり買い返済をすると…10万円の損になります
そうですね下がれば利益上がれば損失が信用売りでしたね
では次に信用売りの決済方法についてですが…

# 4-3信用売りの決済方法

信用買いの決済方法は売り決済ともうひとつありましたね
何でしたっけ？
えーと…現引です
現金を支払って買い建玉の株券を現物株として引き取ることです
その通りです
信用売りの決済方法にも反対売買の他に「現渡」というものがあります
現渡《げんわたし》
つまり売り付け株券と同じ銘柄同じ株数の株券を証券会社に渡し
担保として預けている売買代金を受け取ることです
品渡しとも言います

# 4-4 つなぎ売り

次に信用売りの応用…リスクヘッジについて
リスクヘッジ？
またカタカナかいの何のこっちゃ
ヘッジとは保険という意味です
例えばある株を現物で買ったとしますしかし意に反して値下がりをしてしまった…
いい株だから売りたくないかといってズルズル下がるのを見ているのは辛い
まだ下値がありそうだ…
こんな時皆さんならどうしますか？

＊価格の変化に応じて売買し、最終的な総売買コストの平均値の下げを狙うこと。

つなぎ売り…言葉を聞いたことはありますが…
何のことだかよく…
つなぎ売りとは現物株を持ったまま同じ銘柄を同じ株数　信用で売ることです
同じ銘柄
1000株
現物株
1000株
信用売り
え？　よくわかりませんが…
同じ銘柄を同じ株数売りと買いをしたら上がっても下がっても儲けにはならないのでは…
どんな意味があるんですか？

確かに
そうですね
売りと買いを
同じ株数やったって
プラスマイナス
ゼロです
しかしこれが損失を
拡大させない手法
なのです「ヘッジ」
とか「保険つなぎ」
と言います
保険つなぎ…
保険て
つくから
安全なのかな
わからん…
チンプン
カンプンじゃ
これについては
チャートを使って
説明するのが
一番です
実際に
チャートを
見ながら
つなぎ売りの
勉強をして
いきましょう

6724エプソン
日足チャート
5000
4500
4000
3500
3000
2000
1000
0
03/11
03/12
04/01

25日線
(直近25日の終値の平均を毎日算出してグラフにしたもの)

これは個人投資家に人気のある6724エプソンの日足チャートです
いい感じで上昇トレンドを描いています
先高《さきだか》を期待させます
25日線に接近してきたので押し目買い好機とみて4750円で200株現物買いしました

*株価が上昇トレンドにあるときに一時的に調整局面にあるときの買い場のこと

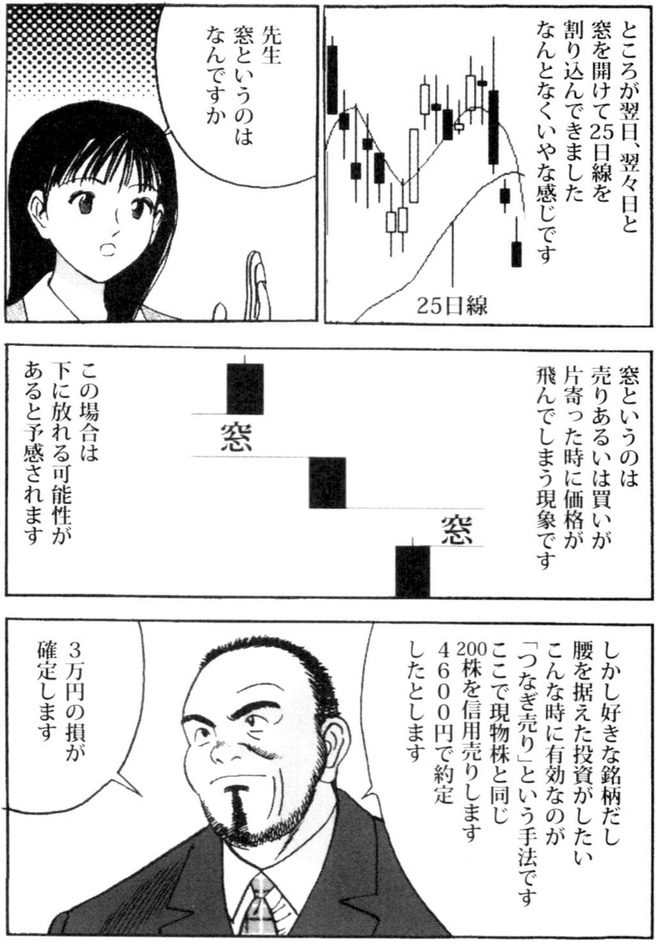
ところが翌日、翌々日と
窓を開けて25日線を
割り込んできました
なんとなくいやな感じです
25日線
先生
窓というのは
なんですか
窓というのは
売りあるいは買いが
片寄った時に価格が
飛んでしまう現象です
窓
窓
この場合は
下に放れる可能性が
あると予感されます
しかし好きな銘柄だし
腰を据えた投資がしたい
こんな時に有効なのが
「つなぎ売り」という手法です
ここで現物株と同じ
200株を信用売りします
4600円で約定
したとします
3万円の損が
確定します

さあもうこれで
上がっても下がっ
てもこれ以上損失は
拡大しません
先生確かにそうですが
3万円の損はいつまで
たってもなくなら
ないでしょう
意味がない
のでは…
ほんと…
ぶん投げちゃった
のと同じじゃ…
うむ…
そうじゃ
意味がわからん
のう…
では順を追って
説明して
いきましょう
エプソンの
その後の株価の
足取りです
いやーよく下げ
ましたねえ
見事な下げっぷり
です

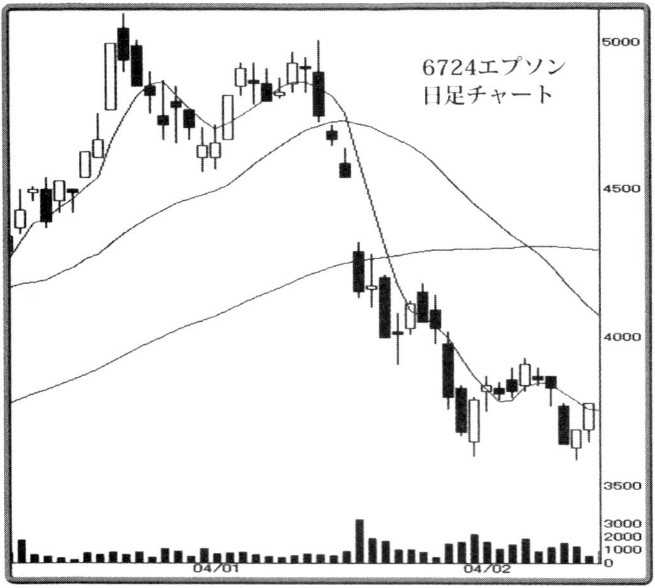
6724エプソン
日足チャート
5000
4500
4000
3500
3000
2000
1000
0
04/01
04/02

高値から3割近い
下落です…いくら
好きな銘柄で現物で
長期投資だから
と言ったって…
このチャートを
見たら胃が痛く
なりそうです
つなぎ売りをして
いなかったらと
思うとゾッとしますね

しかし3600円割れば底値ゾーンと思い3700円で買い戻しました
さあ損益を計算してみましょう
まず4750円で買った現物株は現時点で…
47.5×2=95万円
－37×2=74万円
21万円
21万円の評価損です
一方で4600円でつなぎ売りをした玉は
46×2=92万円
－37×2=74万円
18万円
ということで18万円の含み益ということになりますね

やはり いつまでたっても ３万円の損には 変わりませんが
さあ そこです
もし何も しないで放っておいたら 手元には大きな 含み損を抱えた 現物株があるだけです
４６００円でつなぎ 売りをした利益の １８万円はない わけですよ
あ…そうか 全然違い ますね
あとは長期投資 のんびりと現物株の 値上がりを 待ちましょう
ということで つなぎ売りの まとめです
つなぎ売りを した場合は…

まず買い戻しによって値下がりした分の現金が手に入ります
つなぎ売りをしなかったら大きな評価損の現物株があるだけです
現金が手に入る！
つなぎ売りをしていれば現物株が手元に残るので長期投資が可能です
長期投資ができる！
うむ…気に入った銘柄で腰を据えた長期投資ができる…
わし向きじゃの！

ただし注意すべきことがありますつなぎ売りは信用売りなので貸借銘柄に限られます信用銘柄はできません
○貸借銘柄
×信用銘柄
自分の持っている株がどちらなのか確認しておきましょう
それからつなぎ売りする時はその銘柄の売り残に注意しましょう
株不足になって逆日歩がついたら大変です
さらに…このつなぎ売りはさまざまなリスク回避の手段として使われています
取引の関係で株を保有しているため手放しにくい場合や名義書換に出して手元に株券が無い時の株価下落リスク回避…
あるいは転換社債を株式に転換する際株券を入手するまでの値下がりリスク回避などに利用されています

# 4-5 信用売り…ここに注意

さて…次に注意点です
例えば100円の株を
1万株買ったとします
この会社が不幸にも倒産して
しまい株価が1円になりました
倒産
株価1円！
100万円が
紙くずになった
わけですね
そうです
紙くずには
なりましたが
しかしもう
これ以上損失が
拡大することは
ありません
ところが空売りは
損失が…
無限大に
広がる可能性が
あります！

100円で空売りした株が
1000円になるかも
しれないしあるいは
もっともっと上値が
あるかもしれません
ドドドドドドド
こわ…
青天井という
やつですね
そうです
ですからここで
大切なことが
損切りです
ロスカット
ともいいます
買いの場合も
そうですが特に
空売りの場合は
このロスカット
をしないと
二度と
立ち直れないほど
ダメージを受ける
ことになるかも
しれません

自分なりのロスカットポイントを決めて必ず実行してください
これができない人は信用取引に手を出すべきではありません
次に逆日歩についてです株が不足すると逆日歩という金利が売り方にかかってしまうことはお話しましたね
はじめは一株5銭くらいでも株不足が続くと10銭20銭30銭と値上がりしていきます
そのくらいの金利はたいしたことないんでは……

ところが
1円2円…
時には毎日
5円10円20円
という逆日歩が
つくことが
あります
例えばある銘柄を
1000株空売りして
いて1日1株20円の
逆日歩が10日間
ついたとします
1日につき
2万円ですから
10日間で20万円
もの逆日歩を
支払うことに
なります
1万株だったら
200万円！
逆日歩によって
損失が膨らんだ
売り方は
耐えきれずに
株を買い戻します
これが…
辛抱たまらん
買い戻し
踏み上げですね！

ゴオオォォ
うああああぁ
そうです！売り方は恐怖で買い戻しに走り
株価は驚くような高値をつけることがあります！

逆日歩に気をつける
逆日歩に苦しめられ
値上がりによる損失にも
苦しめられることに
なります
空売りは
これを肝に
銘じておいて
ください

# CHAPTER 5

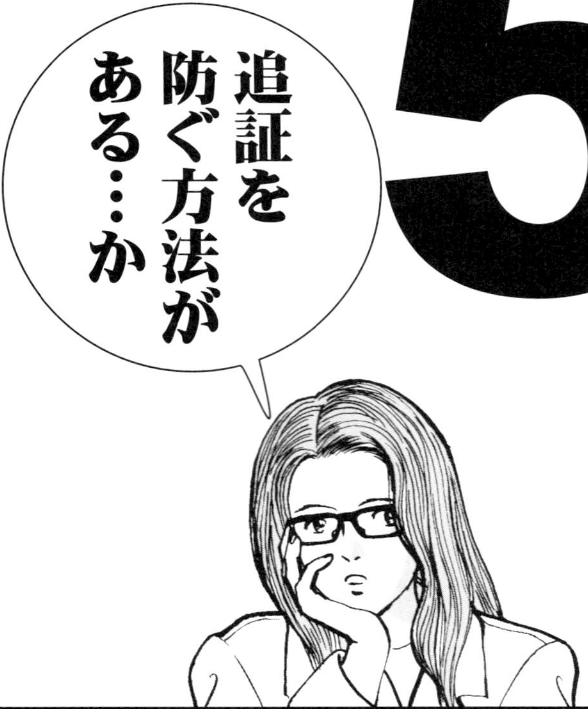
追証を防ぐ方法がある…か

# 信用取引はここに注意すればこわくない

# 5-1委託保証金の管理

## 委託保証金の種類

委託保証金には「現金」と「有価証券」を用いることができます
現金
有価証券
現金はそのまま担保評価額になりますが有価証券はそうなりません
なぜでしょう
有価証券は変動するからじゃろ
そうです
有価証券
有価証券は毎日変動しますから時価で計算されるのです

そこで有価証券には掛け目というものがあります
掛け目？
何だろう…？
掛け目というのは時価よりも低く評価する比率のことで例えば時価100万円の有価証券の評価額は80万円です
有価証券
時価100万円
評価額80万円
そうか…有価証券を委託保証金にした場合は時価よりも2割ほど低く評価されるのか…
あと常に変動しているから評価額も毎日変わるというわけね

## 委託保証金維持率

次に委託保証金維持率ですがこれは前に勉強しましたね
どのようなものでしたか
ええと…信用取引で最低維持しなければいけない保証金の担保価値で
建玉の20％でしたね
建玉
20%
委託保証金維持率
そうです例えば100万円の取引をしていたら20万円が委託保証金維持率になります
これを割り込むと追証がかかるということは勉強しましたね
建玉
100
万円
20万円
委託保証金維持率

## 追証発生のパターン

さてその追証ですが…発生するパターンはいくつかあります
追証
ここではそれぞれについて学んでいきましょう

1 株価の値下がりで追証が発生する場合
はいこれはもう何度も出てきましたね復習ですよ
例えば委託保証金30％、30万円で100万円の取引をした場合いくら下がると追証が発生しますか？

委託保証金維持率が20％でしょ…
建玉100万円の20％は20万円だから…

委託保証金30万円が20万円以下になると追証がかかるわけですから
10万円損をすると追証が発生する…でしたよね
よくできました評価損が取引額の10％になると追証が発生するわけですから
これを防ぐには常に委託保証金維持率を上回るように資金を保持しておくことです
2 代用有価証券が値下がりして追証が発生する場合
はじめに…
代用有価証券として用いることができるものにはどんなものがあるでしょう

株券…
あと…国債とか社債とか…
そうですね まとめると次のようになります
・上場株券 80%
・店頭上場株券 80%
・国債 95%
・株式投信 80%
・上場投資信託 80%
・社債 85%
・公社債投信 85%
・転換社債 80%
これは掛け目の一例です 証券会社によっては国債などが使えないところもあります
委託保証金を現金で差し入れている場合は関係ありませんが
有価証券
有価証券で差し入れている場合は毎日の変動に注意する必要があります

ここで問題です 委託保証金30％で 1000万円の取引をするのに必要なお金は300万円ですが
これに代用有価証券を用いるといくら必要でしょう
掛け目80％で計算してください
ええと…掛け目80％ということは
0.8を掛けて300万円になればいいわけだから
375万円ですか？
正解です 委託保証金30％で1000万円の取引に必要なお金は300万円ですが 委託保証金に代用有価証券を充てた場合には375万円相当の有価証券が必要になるわけです
委託保証金30％
1000万円の取引の場合
現金の場合
300万円
代用有価証券の場合
375万円

この代用有価証券が値下がりして委託保証金維持率を下回った場合も現金の時と同じように追証がかかります
有価証券
先生 代用有価証券が追証ラインを割り込んでも買った株がその分 利益を出していれば追証はかからないのでは
そうではありません 買った株が上がっていてもその評価益が委託保証金にプラスされることはありません
ですから代用有価証券の値下がりについては常に頭に入れておかなければなりません

3 株と代用有価証券両方の値下がりで追証が発生する場合
最後は株の値下がりと代用有価証券の値下がりが同時に起きて追証が発生する場合
ふんだりけったりってやつですね
地獄
こわー…
さて両方が同時に起こる可能性があるのはどんな時でしょう
えーと…全面安…大暴落の時とか…
あ…それから同じトレンドの株例えばハイテク株を代用有価証券にしてハイテク株を買うと…
下がるときは一緒に下がりますね

そのとおりです
またもっと極端なのが「二階建て」というものです
二階建て？
どういうことですか？
例えばA銘柄の株券を担保にして同じA銘柄を信用買いする
A株
信用買い
A株
担保
これを「二階建て」といいます

そうか…下がるときはダブルで下がるもんな
悲惨…
証券会社によっては相場状況や投資家の取引状況により二階建てに制限を加えることがあります

## 追証発生!!さあどうする!?

追証が発生した時点でその取引は
負け!
と認識するべきです!
ドキ

その時点で潔く撤退すべきです
しかしどうしても取引を続けたいというなら追加保証金を差し入れなければなりません

いつまでに入れなければいけないのですか？
証券会社が設定した期限までに追証請求金額を入金しなければいけません

## 追証請求金額を入金しなかったら?

追証が発生してもそのまま放置していたらどうなるんでしたっけ？
証券会社が強制的に反対売買をしてしまう…でしたよね

そのとおりです
追証だどうしよう！
ですから投資家は追証が発生するとあわてて追証請求金額を調達しようとするわけですが…
ここで注意しなければいけないことがあります
持ち株を売却して現金を作ろうとしても現金化されるのは約定日から4日目です
追証が発生してからでは間に合わないことを頭に入れておいてください
株式売却
当日
追証発生
1日目
2日目
差し入れ期限
3日目
4日目
現金化
間に合わない！

## 追証の発生を防ぐにはどうしたらいいか

したい
したい
わしゃ塩漬けの株券どっさりかかえておるんでの
そんな人はちょっと工夫すると追証がかかりにくくなります
まず信用買いの場合は…
トレンドが異なる銘柄を代用有価証券にするとよい
さあどうしてでしょう
つまり…同業種の銘柄を代用有価証券にすると…
買った銘柄が下がると担保になっている同業種の銘柄も一緒に下がって担保価値が目減りしてしまうからです

そうですね それでは 信用売りを している場合は どうでしょう
えーと その逆じゃから 同業種の銘柄を 代用有価証券に したらいいいん じゃろ
そう… 信用売りした銘柄が 上がって損が出ても 担保の代用有価証券も 上がるから そちらの評価益で 相殺される…
ですか？
その通りですね まとめて みましょう 信用売りの 場合は
トレンドの似た銘柄を 代用有価証券にするとよい

# 5-2株不足と逆日歩

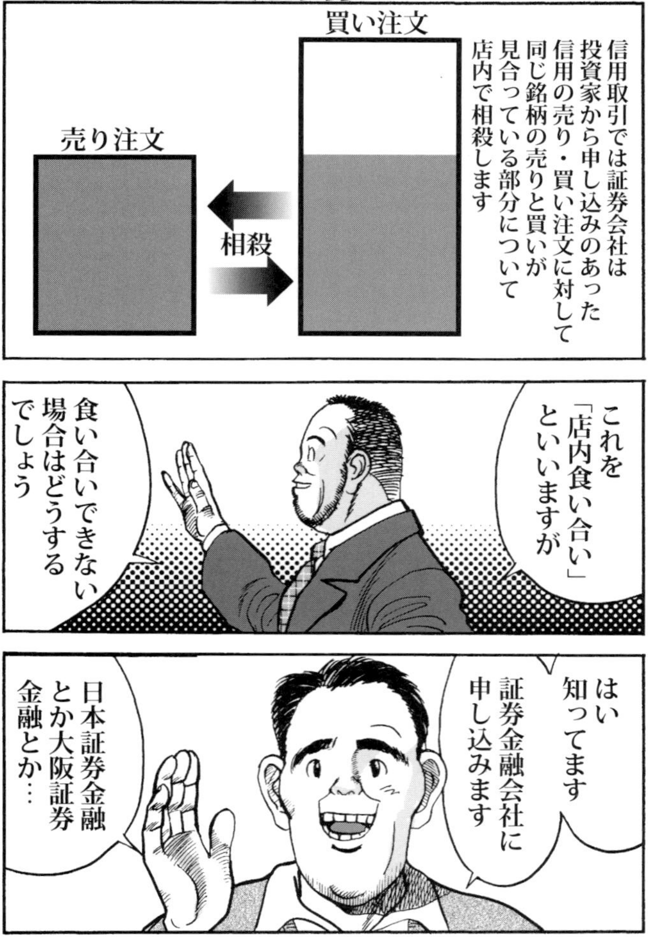

信用取引では証券会社は投資家から申し込みのあった信用の売り・買い注文に対して同じ銘柄の売りと買いが見合っている部分について店内で相殺します
買い注文
売り注文
相殺
これを「店内食い合い」といいますが
食い合いできない場合はどうするでしょう
はい知ってます
証券金融会社に申し込みます
日本証券金融とか大阪証券金融とか…

そうですね
申し込みを受けた
証券金融会社は
信用買いが多いので
あれば現金融資で
処理しますが
信用売りが
上回った場合は
株券の不足分を
調達しなければ
いけません
この不足分を
「株不足」と
いいます
株不足
売り注文
この部分
です
買い注文
相殺
証券金融会社は
不足分を機関投資家
などから借りてきます
機関投資家とは
何でしょう?
はい
生命保険会社
損害保険会社
銀行など
株を
たくさん
持っている
所です

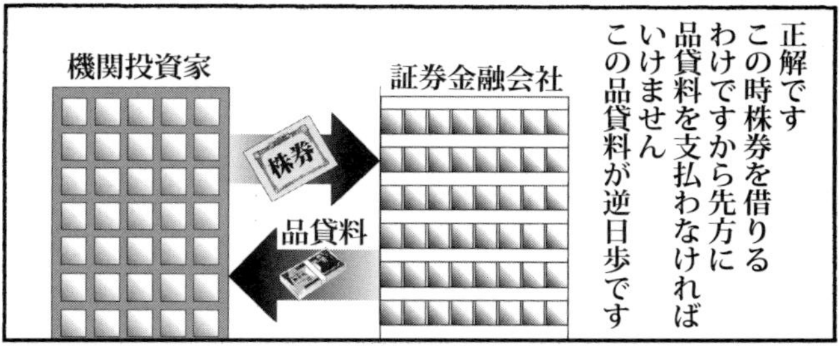
正解です
この時株券を借りる
わけですから先方に
品貸料を支払わなければ
いけません
この品貸料が逆日歩です
機関投資家
証券金融会社
株券
品貸料

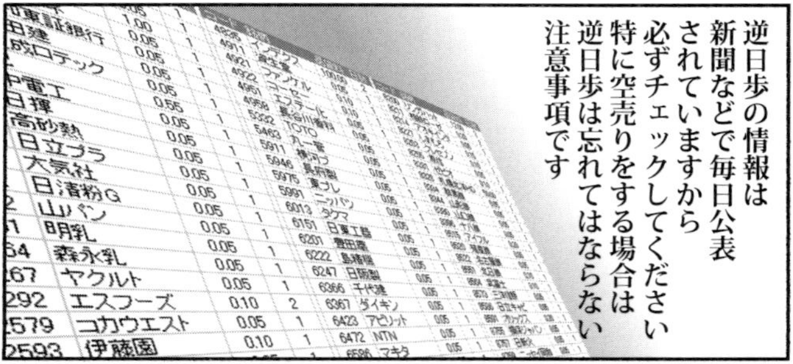
逆日歩の情報は
新聞などで毎日公表
されていますから
必ずチェックしてください
特に空売りをする場合は
逆日歩は忘れてはならない
注意事項です

## 逆日歩はなぜ発生するか

どうして逆日歩が
発生するのか
具体例をあげて
説明しましょう
すべて
同一銘柄の売買
とします

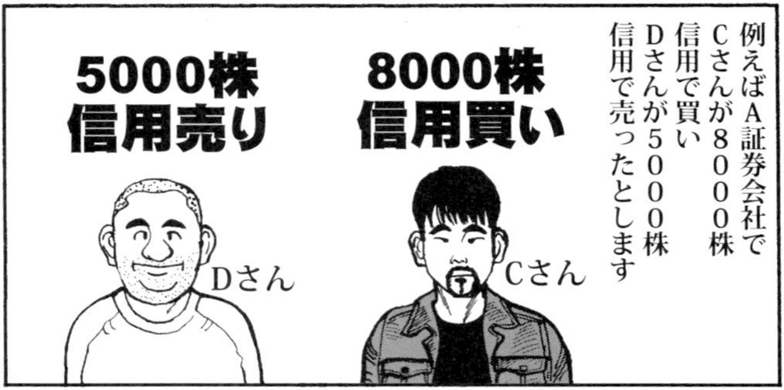
例えばA証券会社で
Cさんが8000株
信用で買い
Dさんが5000株
信用で売ったとします
8000株
信用買い
Cさん
5000株
信用売り
Dさん

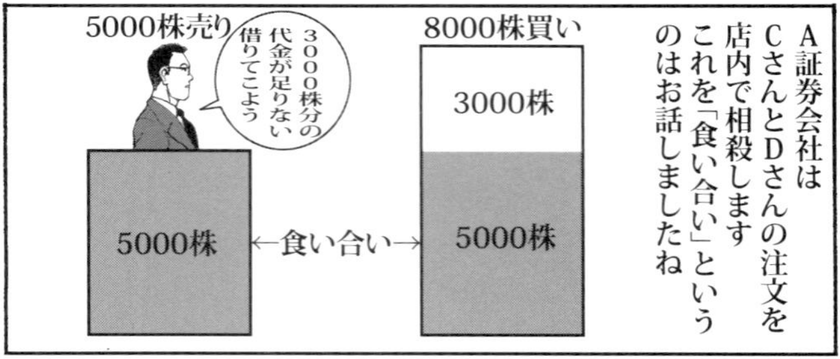
A証券会社は
CさんとDさんの注文を
店内で相殺します
これを「食い合い」という
のはお話しましたね
8000株買い
3000株
5000株
←食い合い→
5000株売り
5000株
3000株分の代金が足りない借りてこよう

相殺した残りの
3000株分の融資を
証券金融会社に
求めます
A証券会社
3000株分の株券を担保に融資お願いします
株券
証券金融会社
はい

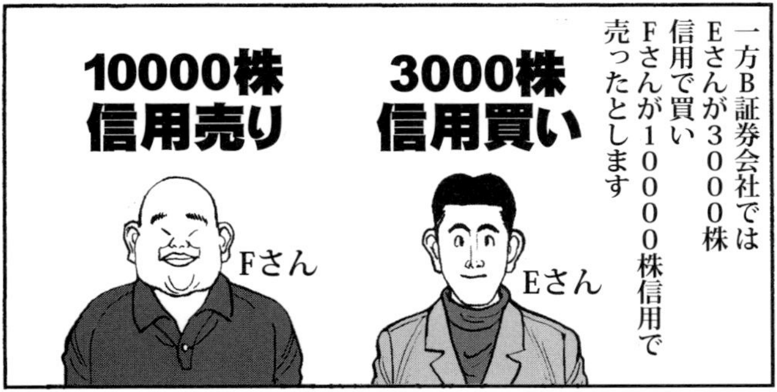
一方B証券会社では
Eさんが3000株
信用で買い
Fさんが10000株信用で
売ったとします
3000株
信用買い
Eさん
10000株
信用売り
Fさん

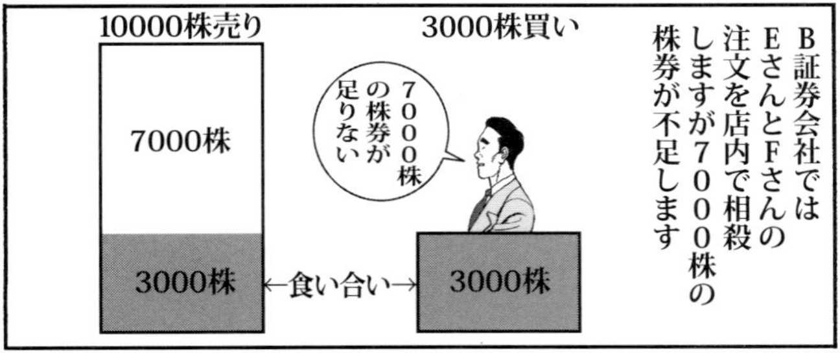
B証券会社では
Eさんと Fさんの
注文を店内で相殺
しますが7000株の
株券が不足します
3000株買い
7000株の株券が足りない
3000株
←食い合い→
10000株売り
7000株
3000株

店内で相殺した後の
7000株分の売りについて
証券金融会社に貸し株の
申し込みをします
B証券会社
7000株分の代金を担保に株券を貸して
証券金融会社
ちょっと待って

証券金融会社ではA証券会社から３００００株分の株券を担保として預かっていると同時にB証券会社からは７００００株を貸してほしいと言われています
あっ ４０００株足りない
4000株
3000株
←食い合い→
3000株
そこで不足分の４０００株を機関投資家から借りてきます
証券会社
４０００株 株券貸して
機関投資家
はい 品貸料ください
株券
株券を借りる時に機関投資家から品貸料を請求されます
この品貸料を逆日歩というのですおわかりいただけましたか

CHAPTER 6

# データの読み方

# 6-1 日証金残高《にっしょうきんざんだか》

買い方売り方の動向を知るには信用取引残高の読み方を覚えなくてはなりません
日証金残高
三市場残
個別信用残
信用取引残高のデータにはこの3つがあります
それぞれ特色がありますがこの3つを重ね合わせて利用することにより投資判断の精度も上がってきます
まず日証金残高ですが…これは信用取引未経験の皆さんも聞いたことがあると思います
あります日経新聞に毎日載っています
でもそれが株価とどんな関係があるのかよくわかりません

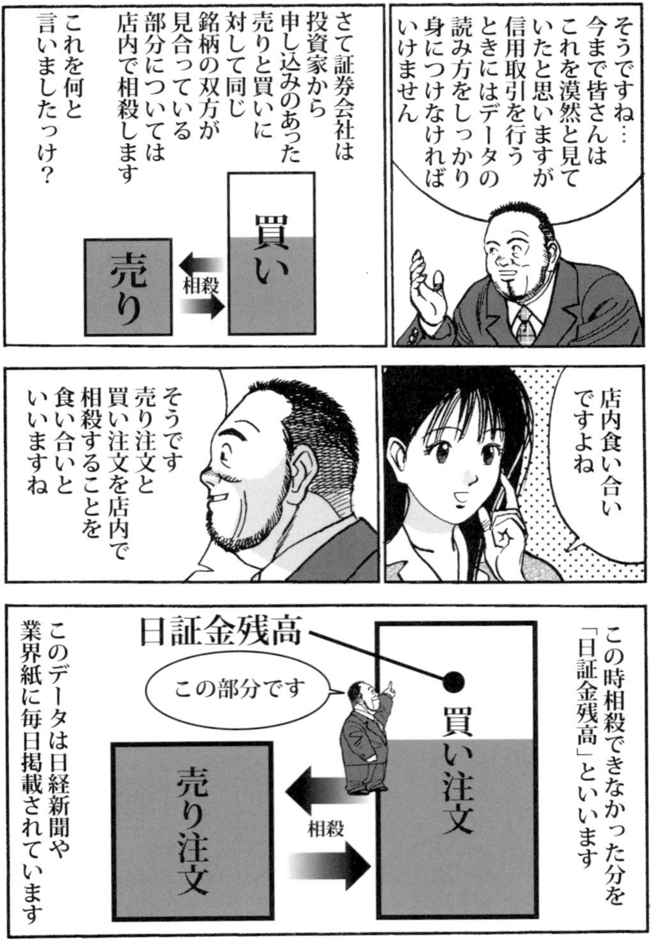
そうですね…今まで皆さんはこれを漠然と見ていたと思いますが信用取引を行うときにはデータの読み方をしっかり身につけなければいけません
さて証券会社は投資家から申し込みのあった売りと買いに対して同じ銘柄の双方が見合っている部分については店内で相殺します
これを何と言いましたっけ？
買い
売り
相殺
店内食い合いですよね
そうです売り注文と買い注文を店内で相殺することを食い合いといいますね
この時相殺できなかった分を「日証金残高」といいます
日証金残高
この部分です
買い注文
売り注文
相殺
このデータは日経新聞や業界紙に毎日掲載されています

これを見れば信用の売りと買いの市場全体と個別銘柄のおおまかな動向が把握できます
しかしここで注意が必要です日証金残高は信用取引の実体を正確に表してはいないからです
え？どういうことですか？
日証金残高はあくまでも証券会社内で食い合いできなかったはみだし分を表したにすぎません
買い
売り
食い合いした分や日証金以外から調達した分は含まれていないので
信用取引全体の動向を正確に表したものではないのです

そんなに正確でないデータなら見ても意味がないのではないですか?

そうとも言えますが
残念ながら毎日公表されるデータはこれだけなのです
ではその見方を勉強しましょう

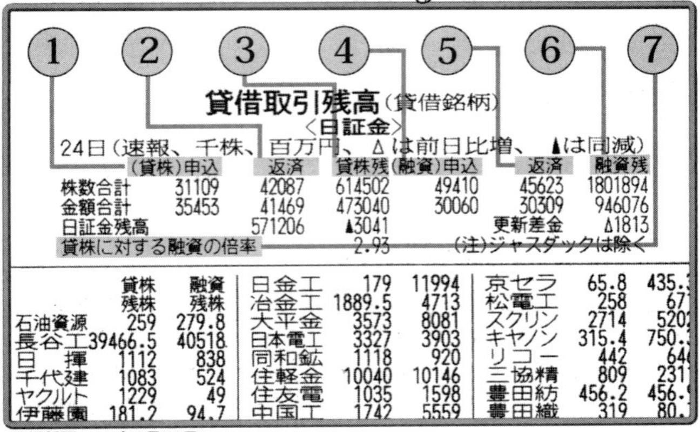
1 2 3 4 5 6 7

**貸借取引残高**（貸借銘柄）
<日証金>
24日（速報、千株、百万円、Δは前日比増、▲は同減）

| | (貸株)申込 | 返済 | 貸株残 | (融資)申込 | 返済 | 融資残 |
|---|---|---|---|---|---|---|
| 株数合計 | 31109 | 42087 | 614502 | 49410 | 45623 | 1801894 |
| 金額合計 | 35453 | 41469 | 473040 | 30060 | 30309 | 946076 |
| 日証金残高 | | 571206 | ▲3041 | | 更新差金 | Δ1813 |
| 貸株に対する融資の倍率 | | | 2.93 | | (注)ジャスダックは除く | |

| | 貸株残株 | 融資残株 | | | | | | |
|---|---|---|---|---|---|---|---|---|
| 石油資源 | 259 | 279.8 | 日金工 | 179 | 11994 | 京セラ | 65.8 | 435. |
| 長谷工 | 39466.5 | 40518 | 冶金工 | 1889.5 | 4713 | 松電工 | 258 | 67 |
| 日揮 | 1112 | 838 | 大平金 | 3573 | 8081 | スクリン | 2714 | 520 |
| 千代建 | 1083 | 524 | 日本電工 | 3327 | 3903 | キヤノン | 315.4 | 750. |
| ヤクルト | 1229 | 49 | 同和鉱 | 1118 | 920 | リコー | 442 | 64 |
| 伊藤園 | 181.2 | 94.7 | 住軽金 | 10040 | 10146 | 三協精 | 809 | 231 |
| | | | 住友電 | 1035 | 1598 | 豊田紡 | 456.2 | 456. |
| | | | 中国工 | 1742 | 5559 | 豊田織 | 319 | 80. |

*日経新聞2004年8月25日

**1（貸株）申込**

証券会社が日証金に対して株券の借り入れ（貸株）を申し込んだ金額

**2（貸株）返済**

証券会社が信用売りのために日証金から借りていた株を返済した株数と金額

**3 貸株残**

日証金が証券会社に貸し付けている株式の株数と金額

**4（融資）申込**

新規の信用買い注文を受けた証券会社が日証金に融資を申し入れた金額に相当する株数

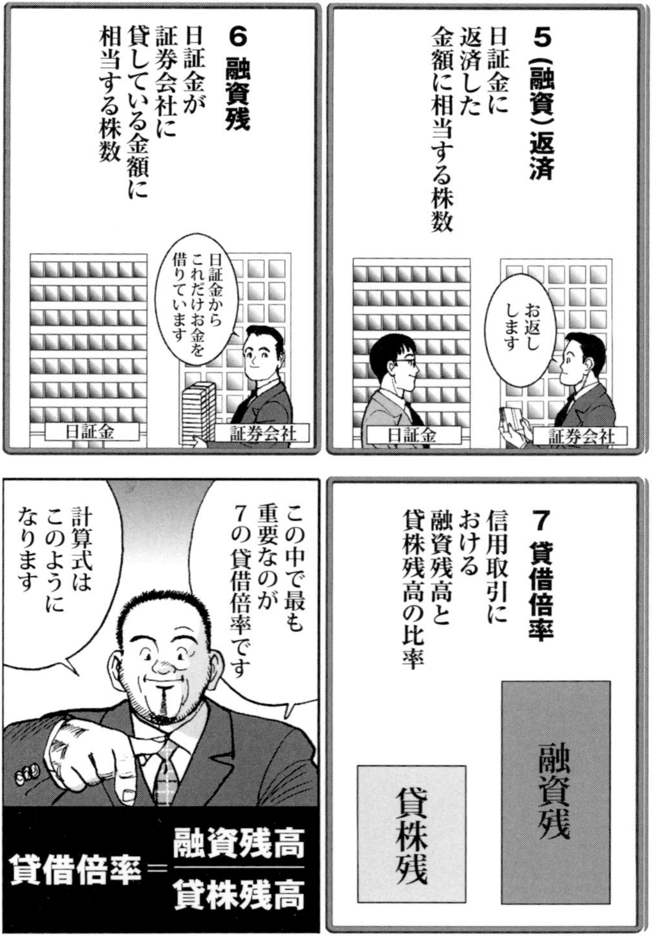
5（融資）返済
日証金に返済した金額に相当する株数
お返しします
日証金
証券会社
6 融資残
日証金が証券会社に貸している金額に相当する株数
日証金からこれだけお金を借りています
日証金
証券会社
7 貸借倍率
信用取引における融資残高と貸株残高の比率
融資残
貸株残
この中で最も重要なのが7の貸借倍率です
計算式はこのようになります
貸借倍率＝融資残高／貸株残高

この式から何がわかりますか？
分子の融資残高が増えると貸借倍率が大きくなり…
分母の貸株残高が増えるとその逆に貸借倍率が小さくなります
そうですね では…貸借倍率が大きくなる…つまり融資残高の増大は… 将来どういうことになるでしょう
みんながたくさん株を買ったということは
えーと…みんな株価が上がると思って買ったわけだから 上がったら売ろうと思ってる人がたくさんいるということ…
つまり将来の売り要因になるということですか

# 6-2三市場信用取引残高

3市場信用取引残高
(8月20日現在、一般信用と制度信用の合計、単位千株、百万円、カッコ内は前週比増、▲減)

| | | 売り残 | | 買い残 | |
|---|---|---|---|---|---|
| 東京 | 株数 | 1,241,588 | ( 40,836) | 4,272,420 | (▲16,139) |
| | 金額 | 988,221 | ( 37,479) | 2,735,690 | (▲26,837) |
| 大阪 | 株数 | 20,861 | ( ▲810) | 224,449 | ( ▲7,759) |
| | 金額 | 27,787 | ( ▲121) | 157,143 | ( ▲4,869) |
| 名古屋 | 株数 | 234 | ( ▲7) | 9,404 | ( 35) |
| | 金額 | 174 | ( ▲5) | 5,263 | ( ▲31) |
| 三市場合計 | 株数 | 1,262,683 | ( 40,019) | 4,506,273 | (▲23,863) |
| | 金額 | 1,016,182 | ( 37,353) | 2,898,096 | (▲31,737) |

＊日本経済新聞2004年8月25日

週末時点での残高が翌週の第2営業日（通常は火曜日）の取引終了後に発表されます
日経新聞などには水曜日の朝刊に掲載されます

東京証券取引所
TOKYO
STOCK EXCHANGE
ご案内
証券入門
上場会社
内国株 信用取引情報 外国株 国債 外国債 社債等
証券投資信託受益証券 優先出資証券 優先証券 ToSTNeT
新着情報
証券用語
お問合せ
お役立ちメニュー
株価検索
銘柄名／コード
TOPIX
1132.38 +3.46 08/26 12:58
新規上場
また当日の夕方には東京証券取引所のホームページに出ていますのでいち早く知ることができます
＊http://www.tse.or.jp/

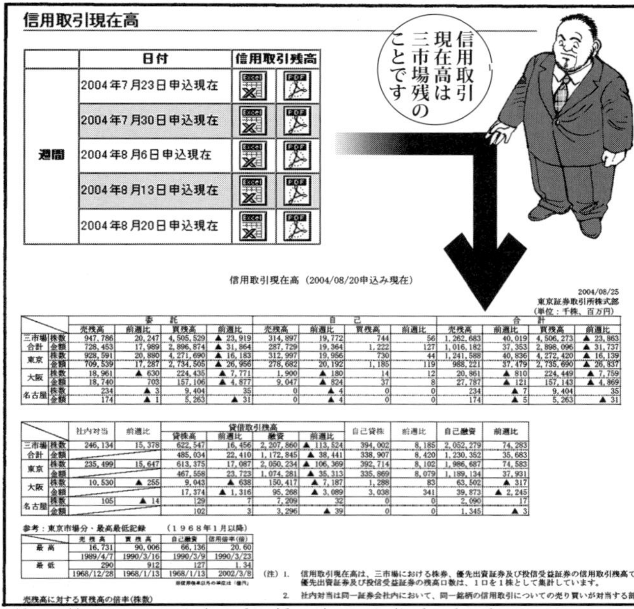


信用取引現在高

| | 日付 | 信用取引残高 | |
|---|---|---|---|
| 週間 | 2004年7月23日申込現在 | Excel | PDF |
| | 2004年7月30日申込現在 | Excel | PDF |
| | 2004年8月6日申込現在 | Excel | PDF |
| | 2004年8月13日申込現在 | Excel | PDF |
| | 2004年8月20日申込現在 | Excel | PDF |

信用取引現在高（2004/08/20申込み現在）

2004/08/25
東京証券取引所株式部
（単位：千株、百万円）

| | | 委託 | | | | 自己 | | | | 合計 | | | |
|---|---|---|---|---|---|---|---|---|---|---|---|---|---|
| | | 売残高 | 前週比 | 買残高 | 前週比 | 売残高 | 前週比 | 買残高 | 前週比 | 売残高 | 前週比 | 買残高 | 前週比 |
| 三市場合計 | 株数 | 947,786 | 20,247 | 4,505,529 | ▲ 23,919 | 314,897 | 19,772 | 744 | 56 | 1,262,683 | 40,019 | 4,506,273 | ▲ 23,863 |
| | 金額 | 728,453 | 17,989 | 2,896,874 | ▲ 31,864 | 287,729 | 19,364 | 1,222 | 127 | 1,016,182 | 37,353 | 2,898,096 | ▲ 31,737 |
| 東京 | 株数 | 928,591 | 20,880 | 4,271,690 | ▲ 16,183 | 312,997 | 19,956 | 730 | 44 | 1,241,588 | 40,836 | 4,272,420 | ▲ 16,139 |
| | 金額 | 709,539 | 17,287 | 2,734,505 | ▲ 26,956 | 278,682 | 20,192 | 1,185 | 119 | 988,221 | 37,479 | 2,735,690 | ▲ 26,837 |
| 大阪 | 株数 | 18,961 | ▲ 630 | 224,435 | ▲ 7,771 | 1,900 | ▲ 180 | 14 | 12 | 20,861 | ▲ 810 | 224,449 | ▲ 7,759 |
| | 金額 | 18,740 | 703 | 157,106 | ▲ 4,877 | 9,047 | ▲ 824 | 37 | 8 | 27,787 | ▲ 121 | 157,143 | ▲ 4,869 |
| 名古屋 | 株数 | 234 | ▲ 3 | 9,404 | 35 | 0 | ▲ 4 | 0 | 0 | 234 | ▲ 7 | 9,404 | 35 |
| | 金額 | 174 | ▲ 1 | 5,263 | ▲ 31 | 0 | ▲ 4 | 0 | 0 | 174 | ▲ 5 | 5,263 | ▲ 31 |

| | | 社内対当 | 前週比 | 貸借取引残高 | | | | 自己貸株 | 前週比 | 自己融資 | 前週比 |
|---|---|---|---|---|---|---|---|---|---|---|---|
| | | | | 貸株高 | 前週比 | 融資 | 前週比 | | | | |
| 三市場合計 | 株数 | 246,134 | 15,378 | 622,547 | 16,456 | 2,207,860 | ▲ 113,524 | 394,002 | 8,185 | 2,052,279 | 74,283 |
| | 金額 | | | 485,034 | 22,410 | 1,172,845 | ▲ 38,441 | 338,907 | 8,420 | 1,230,352 | 35,683 |
| 東京 | 株数 | 235,499 | 15,647 | 613,375 | 17,087 | 2,050,234 | ▲ 106,369 | 392,714 | 8,102 | 1,986,687 | 74,583 |
| | 金額 | | | 467,558 | 23,723 | 1,074,281 | ▲ 35,313 | 335,869 | 8,079 | 1,189,134 | 37,931 |
| 大阪 | 株数 | 10,530 | ▲ 255 | 9,043 | ▲ 638 | 150,417 | ▲ 7,187 | 1,288 | 83 | 63,502 | ▲ 317 |
| | 金額 | | | 17,374 | ▲ 1,316 | 95,268 | ▲ 3,089 | 3,038 | 341 | 39,873 | ▲ 2,245 |
| 名古屋 | 株数 | 105 | ▲ 14 | 129 | 7 | 7,209 | 32 | 0 | 0 | 2,090 | 17 |
| | 金額 | | | 102 | 3 | 3,296 | ▲ 39 | 0 | 0 | 1,345 | ▲ 3 |

参考：東京市場分・最高最低記録　（１９６８年１月以降）

| | 売残高 | 買残高 | 自己融資 | 信用倍率(倍) |
|---|---|---|---|---|
| 最高 | 16,731 | 90,006 | 66,136 | 20.60 |
| | 1989/4/7 | 1990/3/16 | 1990/3/9 | 1990/3/23 |
| 最低 | 290 | 912 | 127 | 1.34 |
| | 1968/12/28 | 1968/1/13 | 1968/1/13 | 2002/3/8 |

売残高に対する買残高の倍率(株数)

（注）1.　信用取引現在高は、三市場における株券、優先出資証券及び投信受益証券の信用取引残高て
優先出資証券及び投信受益証券の残高口数は、１口を１株として集計しています。
2.　社内対当は同一証券会社内において、同一銘柄の信用取引についての売り買いが対当する前

*http://www.tse.or.jp/market/data/margin/index.html

一般的に買い残の増加は
相場が将来上がると
みている投資家が
多いことを意味します
カイ!!
カイ!!
カイ!!
カイ!!
カイ!!
カイ!!
早いもの勝ち!!
乗り遅れるなー!!
乗ったー!
おれも乗る!
しかし
さきにお話したように
これは将来の
売り要因になります
特に
高値圏での増加は
予想に反して株価が
下落した場合
いっせいに
投げ売りとなり
急落する危険性を
秘めていますので
注意が必要です
押すなよ!
もう乗れん!
…
落ちる!
わっ
要警戒
一方売り残の
増加は先行き
安くなると
見ている人が
多いことを
表しています
先生…では逆に
売り残の増加は
将来の買い要因に
なるんですか

その通りです
信用売りした
ものは必ず
買い戻さなけ
ればなりません
したがって
売り残が増加している
からといってこれから
株価がどんどん下がる
というわけでは
ありません
日証金残高と
三市場残とは
どこが違うん
ですか？
三市場残高は
日証金残高と違い
証券会社内での
「食い合い」…
つまり売り注文と
買い注文の相殺や
自己融資分など
実に詳細なデータが
出ています
東京
大阪
名古屋
社内対当
前週比
三市場
したがって
三市場残高は
信用取引の実体を
正確に表す情報
として注目される
データなのです

# 6-3銘柄別信用取引残高

## 東証信用取引銘柄別残高

８月20日現在

| | 売り残 | 買い残 | | 売り残 | 買い残 | | 売り残 | 買い残 |
|---|---|---|---|---|---|---|---|---|
| 【１部】 | | | 東芝プラ | 308 | 525 | 東海パ | 169 | 431 |
| 極洋 | 875 | 8584 | シボンド建 | 129 | 128 | 王子紙 | 1662 | 3453 |
| ニチロ | 364 | 3843 | 東洋エンジ | 1788 | 5334 | 三菱紙 | 4031 | 4559 |
| 日水 | 1422 | 1006 | 千代建 | 4445 | 1179 | 北越紙 | 409 | 401 |
| マルハ本社 | 713 | 7508 | 日本粉 | 842 | 170 | 中越パ | 42 | 236 |
| サカタタネ | 482 | 54 | 日清粉Ｇ | 391 | 50 | 大王紙 | 1748 | 730 |
| ホクト | 77 | 126 | 昭和産 | 342 | 151 | 特種紙 | 116 | 71 |
| 住友炭 | 5146 | 9627 | 農産工 | 427 | 1636 | 紀州紙 | 95 | 679 |
| 日鉄鉱 | 227 | 3818 | 協同飼 | 56 | 1974 | 日本ユニパ | 360.4 | 79 |
| 三井松島 | 10612 | 15661 | 日配飼 | 1281 | 6215 | レンゴー | 1969 | 2379 |
| 帝石 | 2478 | 2419 | 台糖 | 493 | 1915 | トーモク | 69 | 528 |
| ガス開 | 102 | 154 | 甜菜糖 | 600 | 2121 | ザ・パック | 4 | 59 |
| 石油資源 | 537 | 596 | 新三井糖 | 113 | 821 | カネボウ | 7243 | 21972 |
| コムシスHD | 152 | 409 | 森永 | 350 | 1056 | 旭化成 | 352 | 9269 |
| ミサワHD | 4667 | 8998 | 明菓 | 1511 | 317 | 共和レ | 9 | 98 |
| ヤマウラ | 11 | 17 | 中村屋 | 46 | 42 | 昭電工 | 6388 | 6178 |
| オリ建 | 10 | 38 | グリコ | 1150 | 38 | 住友化 | 3985 | 5077 |
| みらい建G | 18 | 394 | 不二家 | 2935 | 5750 | 住友精化 | 16 | 749 |
| 大成建 | 2761 | 9572 | 山パン | 526 | 125 | 三菱化 | 3320 | 9511 |
| | | | 一パン | 73 | 953 | 日産化 | 2678 | 2321 |

東京・大阪・名古屋の三大証券取引所は毎週水曜日（祝日などの場合は翌日）各銘柄ごとに前週末現在の売り残高・買い残高を公開しています

水曜日の日本経済新聞などに掲載されます

### 銘柄別信用取引週末残高

| | 日付 | 信用取引残高 |
|---|---|---|
| 週間 | 2004年7月23日申込分 | PDF |
| | 2004年7月30日申込分 | PDF |
| | 2004年8月6日申込分 | PDF |
| | 2004年8月13日申込分 | PDF |
| | 2004年8月20日申込分 | PDF |

← クリック

また東京証券取引所のホームページでも見ることができます

一般に「個別信用残」と呼ばれています

銘柄別信用取引週末残高（全制度信用銘柄1939・投

2004/08/20 申込み現在

| | 銘柄 | コード | 新証券コード | 合計 売残高 | 前週比 | 買残高 | 前週比 | 一般信用 |
|---|---|---|---|---|---|---|---|---|
| 貸借銘柄 | | 1440 銘柄 | | | | | | |
| 市場第一部 | | 1318 銘柄 | | | | | | |
| | 極洋　普通株式 | 13010 | JP3257200000 | 875 | 12 | 8,584 | ▲ 139 | |
| | ニチロ　普通株式 | 13310 | JP3666000009 | 364 | ▲ 27 | 3,843 | 11 | 32 |
| | 日本水産　普通株式 | 13320 | JP3718800000 | 1,422 | 59 | 1,006 | ▲ 34 | |
| | マルハグループ本社　普通株式 | 13340 | JP3876700000 | 713 | ▲ 3 | 7,508 | ▲ 147 | 14 |
| B | サカタのタネ　普通株式 | 13770 | JP3315000004 | 482 | 10 | 54 | 2 | 38 |
| B | ホクト　普通株式 | 13790 | JP3843250006 | 77 | ▲ 3 | 126 | ▲ 15 | 3 |
| C | 住友石炭鉱業　普通株式 | 15030 | JP3406200000 | 5,146 | 82 | 9,627 | 238 | 5 |
| | 日鉄鉱業　普通株式 | 15150 | JP3680800004 | 227 | ▲ 14 | 3,818 | 150 | |
| | 三井松島産業　普通株式 | 15180 | JP3894000003 | 10,612 | ▲ 5,664 | 15,661 | 2,956 | 31 |
| | 帝国石油　普通株式 | 16010 | JP3540400003 | 2,478 | 152 | 2,419 | 113 | 1,40 |
| | 関東天然瓦斯開発　普通株式 | 16610 | JP3232200000 | 102 | 16 | 154 | ▲ 22 | 4 |
| B | 石油資源開発　普通株式 | 16620 | JP3421100003 | 537 | 32 | 596 | ▲ 185 | 25 |
| | コムシスホールディングス　普通 | 17210 | JP3305530002 | 152 | 1 | 409 | ▲ 40 | |

個別銘柄の信用残は
三市場残同様に証券会社内での
店内食い合いや自己融資分
さらに証券会社の
手持ち株を貸した分などが
網羅されているので
大変重要なデータなのです
発表されるたびに
売り残急増銘柄や
取組接近の銘柄が
人気を集めます
売り残激増！
おもしろくなりそうだ
「取組」というのは？
取組は信用取引の
買い残と売り残の
関係のことで…
買い残
売り残ともに
増えながら
信用倍率が
低下する状態を
「取組接近」または
「好取組」と
いいます
取組接近
売り
買い
好取組

個別信用残をどう読むか…もう少し踏み込んでお話しましょう
個別信用残で一番注目しなければならないのは空売り残の増減です
空売りは期日までに買い戻さなければいけませんねそこで買い方は空売りが大量に入っている銘柄を狙って買い上がり売り方を締め上げてくることがあります
売り残激増！
カイだ！
売り方を締め上げろ！
うおー!!
踏み上げ狙いじゃの
そうです売り方もそうはさせまいと必死になって売ってきます

こうして売り買いとも膨れ上がり
がっぷり四つに組みます
こうなると業績などの材料よりも
内部要因　需給関係だけの
値動きに一変します
売残40555千株
買残55250千株
倍率1.36倍
貸借倍率が
1～2倍程度の
銘柄は好取組銘柄
といって市場の
注目を集めます
もう仕手戦と
いっていいでしょう
その仕手戦は
結局どんな形で
収束するん
ですか？
それは売り方・買い方の
力関係で決まります
売り方が
踏まされるか
買い方が総崩れ
になるか…
誰にも予想でき
ません！

そういう銘柄って私たちが買っても大丈夫なんですか
そうですねえこういう仕手株が好きな人もいますが
これから信用取引を始めようという人にはあまりお勧めできません
どうしても勝負したいのなら全力投球せずに遊び程度にしておいたほうが無難でしょう
そして最後の決着を見るまで付き合わずそこそこのところで利益を確定してあとは高見の見物にするのがけがをしないコツです
一方で買い残ばかり多くて売り残がほとんどない銘柄は人気化しにくく投資妙味が乏しいといえます
売り残
969千株
買い残
22215千株
個別銘柄の信用残は大変重要なファクターであるということを頭に入れておいてください

# 6-4 逆日歩一覧

逆日歩とは…もう一度おさらいしてみましょう
信用の売りが増加すると決済のための株券が不足し株不足になります
つまり証券会社から信用売りの申し込みを受け、株不足になった時点で証券金融会社はその不足分をどこからか調達しなければならなくなります
機関投資家などから借りてくるんですよね
生保とか損保とか銀行とか株をたくさん持っているところから

そうです この時株を貸してくれたところに支払う品貸料が逆日歩で…
機関投資家
品貸料いただきます
株券
株不足になっている銘柄を信用売りしている人には逆日歩支払いの義務が生じます
ト10銭、ユーエスエス20銭、大塚商会10銭、ISID5銭、ファンケル10銭、コーセー10銭、エステー化学5銭、長谷川香料5銭、住友ゴム工業5銭、長府製作所5銭、東プレ5銭、タクマ5銭、日東工器5銭、豊田自動織機5銭、小森コーポ5銭、千代田化工5銭、ダイキン工業5銭、NTN5銭、光洋精工5銭、マキタ5銭、オムロン5銭、田村大興HD5銭、アルパイン55銭、アイコム5銭、シスメックス55銭、日本CMK5銭、トキコ5銭、曙ブレーキ5銭、ア
これは日経新聞に載っている逆日歩一覧ですがどの銘柄にいくらの逆日歩がついているかわかります
逆日歩は銭単位で決まりますが大量の株不足になった時にはその金額が跳ね上がります 1円2円になることも珍しいことではありません

そして大量の
株不足が続くと
場合によっては
逆日歩が
上がり続けて
売り方は
大変な金額を
払わなければ
ならなくなります
逆日歩
逆に買い方は
逆日歩がもらえる
わけですから
それを狙った
買いが大量に
入って株価が
急騰する
ケースも
あります
売り方は株価の上昇と
逆日歩の支払いでついに
耐えきれず買い戻しを
します
買いだー!
うわー
辛抱たまらん
買い戻しだ!
買いが買いを
呼んで株価は
とんでもない高値を
付けることがあります
カイ
カイ

踏み上げじゃあ！
踏み上げ！
そういう銘柄をつかんでみたい！
ははははは
そうですねそんな銘柄を買っていたら大儲けですね
この踏み上げは売り方にとっては地獄ですが
株価はこの頃が天井になることが多いようです

さてここで
もう一歩踏み込んで
信用取引ならではの
手法を紹介
しましょう
それは
信用買いで
逆日歩を取る
という
少々ハイリスク
な手法です
逆日歩は空売りをしている
投資家は必ず支払わなくては
ならないものですが
一方信用買いしている投資家は
受け取ることができます
逆日歩
いただき
これを
利用した手法が
逆日歩狙いの
信用買いです！

信用買いは普通金利を支払わなくてはいけませんが
へぇー…逆日歩ってもらえるんだ
逆日歩のついている銘柄を信用で買うと逆日歩を受け取ることができ…
逆日歩ー《マイナス》金利で差し引きすると得になる可能性があります
信用不安のある銘柄などは50円額面で1円の逆日歩がつくようなこともあります
倒産のリスクがあるような銘柄は額面前後に放置されていることが多く…
仮に1万株信用で買ったとしても約定金額は50万円程度…

逆日歩が1円ついているとすると1日あたり1万株で1万円…10日でなんと10万円を手に入れることができます
うっは50万円の資金で10日で10万円
こたえられませんね！
ほんと！
投資効率良すぎ！
値ガサのハイテク株100株や200株買うよりずっと効率がいいですね
2万株だったら10日で20万円！
5万株買ったら50万円！

ただし！
会社が倒産してしまったら株券は紙くずです！
ズコ
そりゃそーじゃ
うーん考えもんじゃな
ま…50万円くらい諦めつくさ
この手法は特にハイリスクなものであることを十分理解したうえで行ってください

## ～信用取引残高とは～

信用取引で建てられている買いや売りは、将来のどこかの時点で、反対売買によって必ず決済されます。つまり、買い建てられている株は売られ、売り建てられている株は買い戻されるわけです。このように、信用取引の残高は、〝将来の株の需給バランス〟に大きな影響を及ぼすのです。

### ①信用買い残高が増えている場合

例えば、信用買い残高が増えているとしましょう。信用取引である銘柄を買っている人は、将来に値上がりすると考えているからこそ、買い残高を増やしていると考えることができます。

ところが、その銘柄がなかなか上昇せず、逆に値下がりトレンドを描いているとしましょう。このとき、同じ銘柄を大量に保有している信用取引の投資家は、何を考えるでしょうか。

これが信用取引ではなく現物取引であれば、たとえ損失を被っていたとしても、じっと我慢してもち続けるという手があります。しかし、信用取引は前述したように、弁済期限が決められており、制度信用、一般信用に関係なく、いずれは反対売買を行うことによって、建てている株を決済しなければなりません。

したがって、信用で買い建てている株が損失を被っているということになった場合、多くの投資家は買っている株を売却することによって損失を確定させようとします（現引によって現物株にし、そのまま保有するという方法もある）。その結果、売り圧力が強まって、株価がさらに下落する可能性が出てくる、という予想をすることができます。

信用取引の買い残高が増えている場合は、以下の2つの可能性が考えられます。

**◎将来の株価に対して強気の見方が増えている**

**◎将来の売り圧力が高まっている**

そのため、株価がいったん下落した後の戻り局面では、特に買い手からの返済売りが予想されます。結果、株価の戻りが鈍くなると考えることができます。

買い残高の増加は将来の売り圧力を表している、という見方が可能です。ただしこれはあくまで「傾向がある」ということで、必ずそうなるというわけではありません。売買の判断をするときには、他の指標も考慮することが重要です。

## 信用買い残高が増えている場合

信用取引の買い残高が増えている場合、２つの可能性が考えられる

**①将来の株価に対して強気の見方が増えている**

**②将来の売り圧力が高まっている**

**買い残高の増加で予想される株価の動き**

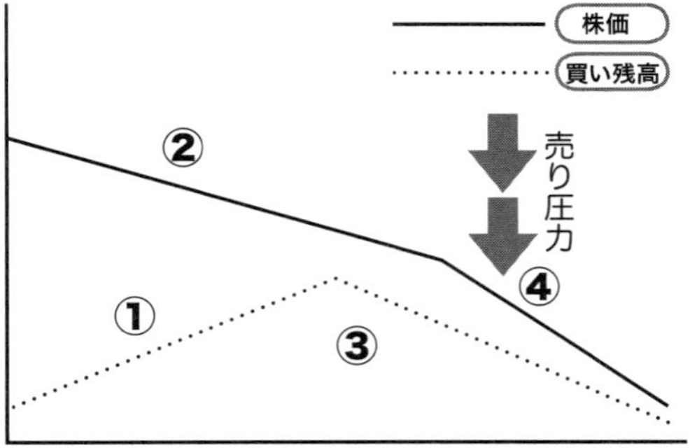


**①株価上昇を期待して買い残高が増加する（強気の見方が増加）**
**②買い残高が増えたにもかかわらず、株価が下落傾向になる**
**③弁済期限または損失確定のため売りが増加する**
**④売り圧力が高まり、株価がさらに下落する**
※あくまでも上記は「傾向」を表しているので注意

## ②信用売り残高が増えている場合

では、逆に売り残高が増えている場合はどうでしょうか。

この場合、ある銘柄の株価が将来に下落する、という予想で売り建てている投資家が多いと考えられます。そのため、株価にとっては下落圧力がかかってくる可能性があります。

しかし、今は売り残高が多かったとしても、どこかの段階で必ず買い戻しが入ります。将来のどこかの時点で、株価にとっては上昇圧力が強まってくる可能性が考えられるのです。

特に、売り残高が増えているにもかかわらず株価が上昇していると、この傾向が強まります。なぜなら、売り建てているにもかかわらず株価が上昇すると、売り建てている投資家は損失を被ることになるからです。

投資家の多くは損失が膨らむ前に、売り建てている銘柄を買い戻すことによって、損失が拡大するのを防ごうとするでしょう。買い戻すわけですから株価は上昇します。さらに株価が上昇したことによって、買い戻しする投資家もさらに増えます。

この〝株価上昇→買い戻し→さらに株価上昇→さらに買い戻し〟のスパイラルの結果、株価の上昇に耐えられなくなったある時点で一気に買い戻しが入ってくるのです。

これを「踏み上げ相場」といいます。いうまでもなく、信用売り残高がより大きく膨らんでいる銘柄ほど買い戻しの圧力が強まります。買い戻しによって株価が上昇すると、ほかの売り建てている投資家のポジションにも損失が拡大していきます。要するに、ほかの投資家による買い戻しも増えて、株価はどんどん上昇スピードを速めていきます。

まとめると、信用売り残高が膨らんでいる場合は、以下の2つが考えられます。

**◎将来の株価に対して弱気の見方が増えている**

**◎将来の買い圧力が高まっている**

特に信用取引の場合、一般的な傾向として、短期の値幅取りを前提にして取引に参加している投資家が多くを占めます。そのため、現時点の信用の買い残高および売り残高が、目先の株価動向に強い影響を及ぼす可能性が高いのです。

しかしこれも買い残高同様、あくまでも傾向を示すものです。売り残高だけを見て情報をうのみにしてしまうのではなく、他の情報や指標も含めて判断を行うようにしましょう。

## 信用売り残高が増えている場合

信用取引の売り残高が増えている場合、２つの可能性が考えられる

**①将来の株価に対して弱気の見方が増えている**

**②将来の買い圧力が高まっている**

### 売り残高の増加で予想される株価の動き

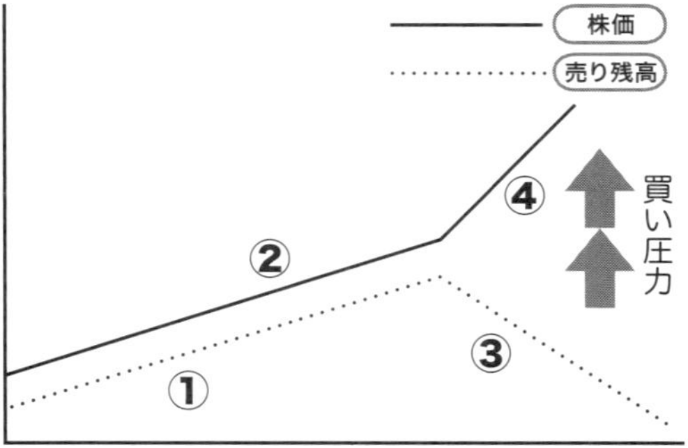


①株価下落を期待して売り残高が増加する（弱気の見方が増加）
②売り残高が増えたにもかかわらず、株価が上昇傾向になる
③弁済期限または損失確定のため買い戻しが増加する
④買い圧力が高まり、株価がさらに上昇する
※あくまでも上記は「傾向」を表しているので注意

## ～信用取組倍率とは～

株価は需給バランスによって決められます。つまり、売り手に対して買い手の勢力が強ければ、株価は上昇しますし、買い手に対して売り手の勢力が強ければ、株価は値下がりします。

これは信用取引でも同じことです。前述したように、買い残高は将来の売り圧力であり、売り残高は将来の買い圧力になります。したがって、ある銘柄の需給バランスを考えるうえで、買い残高と売り残高の比率は重要な指標になってきます。

この、買い残と売り残の比率のことを「取組」といいます。そして、この取組が良いのか悪いのかを判断するうえで、信用取組倍率という数字を用いることになります。

この倍率は、「買い残高÷売り残高」で求められます。両者の残高が同じであれば、この倍率は1倍になります（一般的に買い残高、売り残高ともに同じ株数になることはありません）。場合によっては売り残高が買い残高を上回ることもありますが、全体でみると、買い残高が売り残高を上回るのが普通です。

## 信用取組倍率の使い方

仮に、買い残高が1万株、売り残高が5000株という銘柄があるとします。その場合の信用取組倍率は「1万株÷5000株＝2倍」になります。この数字が大きくなるほど、買い残高が売り残高を大きく上回っていることを意味します。要するに、将来、株価が下落する可能性が高まってくるといえるのです。

信用の買い残高が増えて信用取組倍率が上昇している（＝将来の売り圧力が高まっている）にもかかわらず、株価の上昇スピードが鈍ったり、あるいは下がりぎみになった場合は、売り圧力が強まってきたと考えることができます。そうなると、信用期日に向けて、どんどん反対売買が行われ、株価の売り圧力が強まってくるのです。

しかし、こうした売り圧力も、いつまでも続くというわけではありません。今、信用取引で買い建てている投資家の反対売買が一段落すれば、そこから再び株価が上昇る可能性も出てきます。その結果、徐々に買い注文が増えてきます。

逆に、売り残高が買い残高を上回り、信用取組倍率が1倍を下回るような状況が続いているときは、逆の現象が起こります。つまり、売り残高が増えているにもかかわらず、株価の下落スピードが鈍ったり、株価が上ブレ（予想よりも価格が上回ること）したりするような状態になると、買い圧力が強まってきたと考え

## 信用取組倍率①

信用取組倍率の計算式

**買い残高÷売り残高**

**買い残高1万株、売り残高5000株の場合**

**1万株÷5000株＝2倍**

この数字が大きくなるほど買い残高が売り残高を大きく上回っていることを意味するため、将来に株価が下落する可能性が高まる

**信用取組倍率が上昇しているときに予想される現象**

信用取組倍率は上昇するが株価は下がる

↓

反対売買が盛んになり売り圧力が強まる

↓

**反対売買が一段落したときが買いチャンス！**

ることができます。

結果、信用期日に向けて買い戻しがどんどん入ってくる可能性が高まってくるのです。当然、株価にとっては上昇要因です。もちろん、信用の売り建てがいつまでも続くことはなく、どこかの時点で一段落しますから、そこで再び売りのチャンスを迎えることもあります。

信用取組倍率をみると、多くの銘柄が1倍を超えています。しかし、なかには売り残高が増えたことで徐々に1倍に近づき、やがて1倍を下回る銘柄も出てきます。このように、信用取組倍率の低い銘柄は将来の株価上昇が期待できることから「取組が良い＝好取組銘柄」などといいます。

ちなみに、信用取組倍率は、日々の出来高とあわせてチェックすると、よりその影響力がみえてきます。例えば、信用取組倍率が1倍を割り込んでいたとしても、売り残高が日々の出来高に比べてそれほど大きくなければ、将来、それほど強い買い圧力にはならないと考えられます。また、信用買い残高、信用売り残高ともに、日々の出来高を大きく上回る状態であれば、それだけマーケットに及ぼす影響も大きくなります。

なお、信用取組倍率は東証が発表する信用残高に基づくものを「信用倍率」、日証金の貸借取引残高によるものを「貸借倍率」と呼ぶこともあります。

## 信用取組倍率②

### 信用取組倍率が1倍を下回るときに予想される現象

信用取組倍率が1倍を下回る状況が続く

▼

買い戻しが盛んになり買い圧力が強まる

▼

**買い戻しが一段落したときが売りチャンス！**

### 好取組銘柄について

**好取組銘柄** 信用取引倍率が1倍を下回るため、将来の株価上昇が期待できる銘柄

### 出来高について

**出来高** ＝ その日に成立した売買株数の合計

好取組銘柄でも売り残高が出来高に比べて
大きくなければ強い買い圧力にはならない

**信用取組倍率は日々の出来高と**
**あわせてチェックしよう！**

## ～貸借倍率とは～

信用取引で売り建てを行った場合に、注意しなければならないことのひとつが「逆日歩」です。逆日歩は、貸株が品薄になったときに発生するもので、売り手にとっては取引コストです。

売り建てている銘柄が品薄になるほど、逆日歩は上昇し、それに耐えられなくなると売り手は銘柄を買い戻すため、株価が反転上昇する可能性が生まれます。銘柄によって逆日歩が発生するかどうか、発生した場合、どこまで上昇するのかということを、事前に把握しておくことは、売り手にとっては重要な指標になってきます。

では何を参考にして、逆日歩になる可能性があるかどうかを判断すればよいのでしょうか。この判断材料として役に立つのが貸借倍率です。貸借倍率は、前述したように日本証券金融を通じて行われている、貸株と融資の倍率を表したものです。「融資残高÷貸株残高」の式で計算されます。

## 貸借倍率の使い方

貸借倍率は融資残高÷貸株残高が「1」を上回っているか、下回っているかを見ます。1倍を下回るほど銘柄は品薄になり、逆日歩が発生しやすいと判断できます。

逆日歩が発生すると、その負担に耐えられなくなった売方が買い戻しに入り、株価が大きく上昇する可能性があります。売方の損失を被るリスクが高まるのです。株価の値動きそのものも複雑になってくるため、特に信用取引を始めたばかりという人は、このような逆日歩が発生している銘柄には、近づかないのが無難です。

ただし、信用取引残高のところで説明したように、日本証券金融の融資残高と貸株残高は、あくまでも証券会社が買い注文と売り注文を相殺したあとの数値であり、自己融資分も含まれていないため、本当の意味での株の需給バランスをみる場合には、どちらかといえば各証券取引所が公表している信用取組倍率のほうが的確です。

## 貸借倍率

貸株倍率の計算式

**融資残高÷貸株残高**

この計算式で出た数字が１倍を下回るほどその銘柄は品薄になっており、それだけ逆日歩が発生しやすい

**融資残高50万、貸株残高200万の場合**

**50万÷200万＝0.25倍**

**貸借倍率が１倍以下なので逆日歩が発生しやすい**

逆日歩が発生しやすい銘柄を避けるため、貸借倍率の低い銘柄には気をつける

コラムSource『早わかり信用取引』

CHAPTER 7

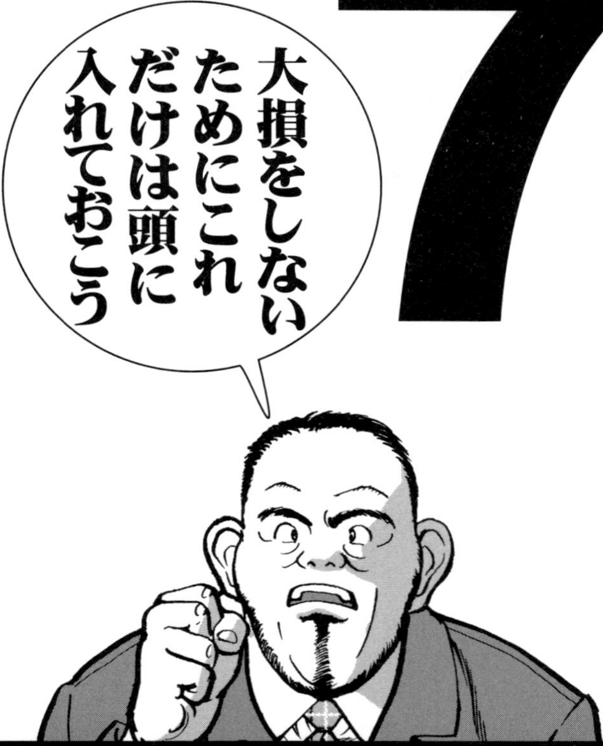
大損をしないためにこれだけは頭に入れておこう

# 信用取引の心構え

さあ今まで信用取引についていろいろ学んできました皆さんもずいぶん詳しくなられたでしょう
最後にまとめとして信用取引の心構えについてお話したいと思います
信用取引の仕組みは現物取引と違って大変複雑で簡単に理解できるものではありません
生半可な知識しかないのに「えーい当たって砕けろ相場は度胸だ！」などと信用取引を行ってはいけません！
すべてを理解してからやれとはいいませんが最小限の基礎知識は必ず頭に入れてから始めてください
それでは信用取引の心構えを順を追ってお話しましょう

# 株は自己責任

株は自己責任…
そんなことはわかってるとおっしゃるでしょうが
皆さんの中にいませんか？あの証券マンが買えと言ったから買ったとか…
あの株式評論家が有望だと言ったから買ったのに下がってしまった
どうしてくれるんだ！と怒ったことがある方
あははわしのことかのうわしゃよく証券マンを怒鳴りつけたりしたもんじゃあはははは

怒鳴ったって何したって損したお金は返ってきません
買ったあなたが悪いのです！
それを言ってくれるなそんなこわい顔して
わかってる…
わかってるんじゃがしかし…
これが会員制で有料の投資顧問会社でも同じですよ
いくら損したからって損失補填なんて絶対にしてくれませんからね！
そういうわたしも昔ずいぶん痛い目にあいました
「いま『筋』が玉を集めているから買ってください…最低でも5割は取れますいまのうちに仕込んでください…」などと言われて買ったら……

その後下がりっぱなしで…結局虎の子の財産をなくしてしまいましたまあはめられたわけですが…
怒鳴ったって無くなったお金は返ってきません
最近はネットトレーダーが増えて人を介さずに売買をしている方が多いと思いますが
それでも知人友人あるいは投資顧問会社などからの情報をもとに売買をすることがあると思います
投資顧問からメールだよしカイだ
その情報がガセで…それによってあなたが大損しても責任はすべてあなたにあるのです！
売買注文のマウスをクリックしたのはあなた自身なのですから！

わかったから
もう言うて
くれるな
自己責任
自己責任…
わかってるって

## 安易な空売りはケガのもと

信用取引は
買い方と
売り方の
戦いです
この戦いに
勝つには買い方と
売り方の力関係を
把握しなければ
なりません
力関係？
どういう
ことですか？
例えば急騰した
低位株を空売り
したとします
万年ぼろ株の
こんな株が
上がるのは
おかしいと…

ところがその株に超強力な筋が介入していたとしたらどうなるでしょう
筋って…仕手のことですよね
そうです　筋はあなたのような空売りを口を開けて待っています
ぼろ株空売りー
こんな株上がるのおかしいわ
空売り空売り
売り売り
ぼろ株いてまえ
空売りわっしょい
空売りよー
おいでおいで
そうとも知らずあなたのような人が罠にはまって空売りを仕掛けてきます
やがて売り残が膨れ上がり気がつくと逆日歩がついていたりします

買いが買いを呼んで株価はとんでもない値段までもっていかれ
あなたは恐怖のあまりスッ高値で泣く泣く買い戻し…結局筋の玉の肩代わりをするハメになります
も〜ダメだ…
買い戻しだ
こわーい そんなの いやでーす
ちょっと脅かしすぎましたかね
でも事実こういうこともあるんだということを知っておいてください
そういう筋が介入している銘柄には近づかないほうが無難です
そういう銘柄を手がけるには信用取引に関する基本的な知識また相当な経験が必要です

## 全力投球しない

信用取引はレバレッジを利かせることにより大きな利益を得ることができます
レバレッジ効果
3倍
しかし当然　損失も莫大なものになります
投資家はアツくなると目一杯の勝負をしてしまいます
冷静さを欠き資力を超えて勝負をするような人が負けるのは火を見るより明らかです
3倍のレバレッジを利かせて全財産勝負だああ！
うおおおお
身の丈を超えた投資は慎まなくてはいけません
自分の思い通り株価が動いて儲かっている時は気分もいいでしょう
はははははは
連戦連勝なんてこともあるかもしれません

しかしたった1回の負けで今まで儲けた分を全部吐き出すどころか取り返しのつかない大損をしてしまうなんてこともよくあります
だからこそ冷静さと謙虚さが大切なのです
相場が熱くなればなるほど頭はクールに…この投資姿勢を忘れないように！
現物株を買っているなら値下がりしても持ち続けていればいつか回復するかもしれません
その会社が倒産しない限り株券が紙くずになったり
新たな担保の差し入れを求められることはありません

ところが信用取引には追証というルールがあります
委託保証金維持率についてはお話しましたね
これを割り込むと追証が発生し現金の差し入れを求められます
ひょっとしたらどこかに金策に走らなければならないハメに陥るかもしれません
わー追証だあどうしよう!
じわ
じわ
期日
来ないで
さらに信用取引には期日というものがあります
ネット証券にはこの期日がないところもありますが
一般的には期日までには絶対に決済しなければなりません!

目一杯の自己資金を信用取引につぎ込むのは危険であると肝に銘じておきましょう
先生…前に信用取引のメリットは3倍のレバレッジがかけられることと言われましたが
そんなことはしないほうがいいんですか？
3倍のレバレッジをかけて目一杯の取引をすると…10％の評価損が出ると追証が発生します！
評価損10％
10％の評価損なんて1日で出ることもあります
信用取引は余裕のある資金でやる！
目一杯の投資はしない！これがまとめです
資金管理がきちんとできない人は信用取引をしてはいけません！

## 期日まで持っていたら負け！

信用取引は短期決戦であると申し上げましたが
損切りができずだらだらと期日まで続ける人がいます
もう一度言います信用取引は…
期日まで建玉を持っていたら負け！
を意味します！
その間に何度も追証を差し入れて傷口を広げてしまったりします
こういう人は信用取引をやらないほうがいいでしょう

# ロスカットのすすめ

ロスカットとは
損切りのこと
ですが…
なぜロスカットが
必要なんでしょう
どんな大きな損も
最初は小さな損から
始まります
大損
しかし放っておいた
おかげでとんでもない
損失になってしまった
ということがよく
あります
どよよよーん
それを
言わんでくれ
あー頭が痛い
相場が
思っていたのと
反対方向に
動いた時は
ズルズルと
引きずらずに
反対売買をして
手仕舞うべきです

損切りはなかなかできんのう…
損を認めるのは辛い…
私も…なかなかできません
おれもできないなあ
だからみんな塩漬け…
現物でもロスカットはしなければいけませんが信用取引では必ず行わなければいけません
追証を何度も差し入れて勝負を続けるような人は信用取引には向いていません
株価というものは一度ある方向に動き出すとしばらくの間その方向に動くという特徴があります
これをトレンドといいますが…

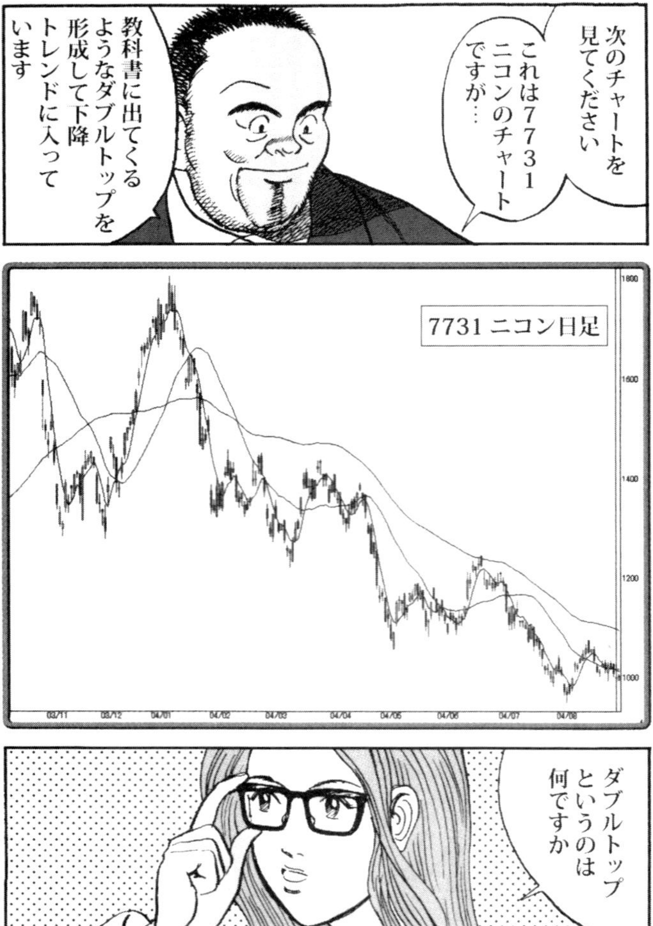
次のチャートを見てください
これは7731ニコンのチャートですが…
教科書に出てくるようなダブルトップを形成して下降トレンドに入っています
7731 ニコン日足
1800
1600
1400
1200
1000
03/11
03/12
04/01
04/02
04/03
04/04
04/05
04/06
04/07
04/08
ダブルトップというのは何ですか

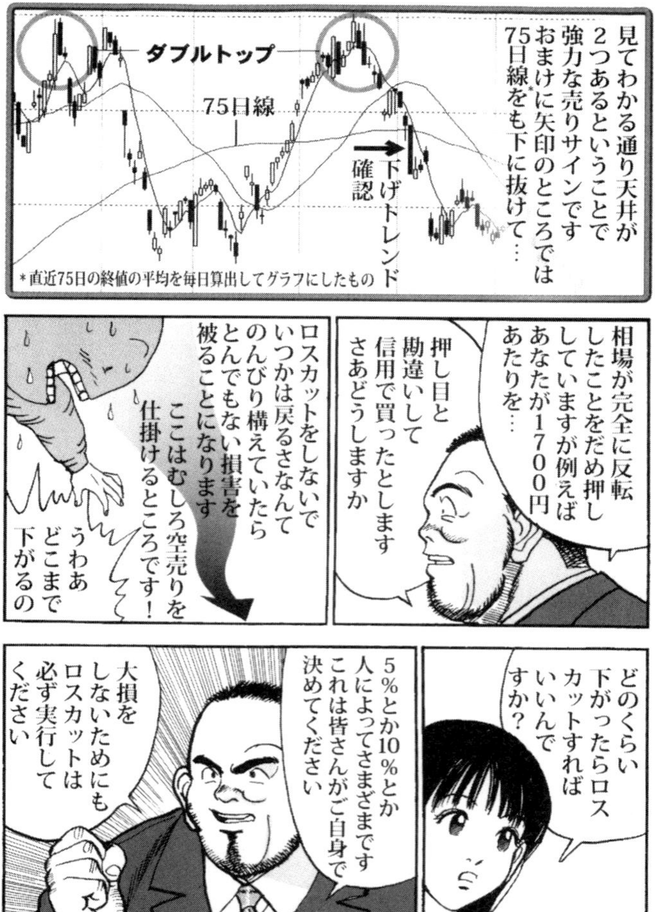
見てわかる通り天井が2つあるということで強力な売りサインです
おまけに矢印のところでは75日線*をも下に抜けて…
ダブルトップ
75日線
下げトレンド確認
*直近75日の終値の平均を毎日算出してグラフにしたもの
相場が完全に反転したことをだめ押ししていますが例えばあなたが1700円あたりを…
押し目と勘違いして信用で買ったとしますさあどうしますか
ロスカットをしないでいつかは戻るさなんてのんびり構えていたらとんでもない損害を被ることになります
ここはむしろ空売りを仕掛けるところです！
うわあどこまで下がるの
どのくらい下がったらロスカットすればいいんですか？
5％とか10％とか人によってさまざまですこれは皆さんがご自身で決めてください
大損をしないためにもロスカットは必ず実行してください

二階建てに注意!!
二階建てとは…さて何でしたっけ
はい
保証金として預けてある株券を担保にして同じ株を建てることです
そうですねA株券を担保にA株券を買う
これを二階建てといいましたね
自分の思う通り相場が動いている時…特に買い建ての場合は値上がり益　担保価値の上昇といいことずくめです
ははは
株価
担保価値

ところが反対に値下がりするとダブルで損失が拡大します
ぎょえー
担保価値
株価
株価下落による評価損と担保価値の下落です
一気に委託保証金維持率を割り込んでしまうでしょう
同じ銘柄だけでなく同じ業種の銘柄を担保にした時も気をつけなければいけないんでしたよね
そのとおりです同じ業種の銘柄は同じ動きをすることが多いのでこれを代用有価証券にする時も注意が必要です
こういう事態を回避するためになるべく保証金には現金を充てることが賢明と言えます

## 倒産が噂される銘柄の空売りは儲かる?

皆さんが空売りした株が倒産したらどうしますか?
ぐしゃ!
そりゃもうやったーってかんじでしょ
1円で買い戻し!
ぼろ株でぼろ儲け!
笑いがとまらん!

最近ではかつて一流企業といわれた会社が倒産することも珍しくなりました
そのため倒産が噂される銘柄に空売りを仕掛ける人が増えていることも事実ですが……………

はたして本当に儲かるのでしょうか
え？何か問題があるのですか
これ以上の大儲けのチャンスはないじゃないですか
皆さんは大事な事を忘れていますよ それは…… 倒産しそうな会社を売ろうと考えているのは一人や二人じゃないということですよ そんなこと誰でも考えます
空売り！
つぶれろ！
ウリ！ウリ！
トーサン！
はよいけ！
グラッ
グラッ
皆が空売りをすれば売り残が膨れ上がりその結果…
あっそうか株不足になって
逆日歩がつく！

その通りです皆が売ろうと考えた銘柄は株不足になり逆日歩が発生しやすくなります
逆日歩
売り残
買い残
倒産が噂される銘柄の場合…時には5円などという逆日歩がつきます
逆日歩
5円
この銘柄を1万株持っていたとすると1日の金利はいくらですか？
えーと1株5円の逆日歩が1万株ということは…
5万円ですね
この状態が30日続いた場合逆日歩はいくらになるでしょう

150万!
一ケ月で?
空売りの儲けなんて吹っ飛んじゃいますね!
仮に半年…180日続いたとしたら900万円も払うことになるんですよ
そんなもん半年も持っていられないでしょう買い戻し!
そう…皆がそう思って買い戻しに走ったときに起こるのは?
踏み上げ!
冗談じゃない!

逆日歩で苦しめられ
その上踏み上げで大損
地獄だ！
ましてこれらのアブナイ銘柄の再生が軌道に乗ってきたりしたら株価は何倍も上昇する可能性があります
うわ〜！
こわ！
ということで倒産が噂されるような銘柄を安易に空売りすることは避けたほうが賢明といえるでしょう
誰でも考えるようなことをやっても儲からないということです

# 海外旅行に行く…建玉はどうする?

先生…海外旅行などで何日か相場から離れなければいけない時には
建玉はどうしたらいいでしょう

利が乗っていても評価損が出ていても…
建玉はいったんはずしておくといいでしょう

今の世の中いつどこで何が起こるかわかりません買い建玉をそのままにして旅行をしている間にテロが起きて大暴落したらどうしますか

あるいは売り建てをしていて不在の時に大材料が出てその銘柄が暴騰したらどうしますか
わー なんだー? 大暴騰!?
帰ってきて呆然としても後の祭りですよ
あはは ぼくは旅行好きなんでよくほったらかしで行っちゃいます
現物の場合はまあそれでもいいでしょう 長期投資ならね…
しかし何度も言うように信用取引は短期決戦なのです
建玉をほったらかしにしてどこかへ出かけて株価も見ない…そういう脳天気な人は信用取引などしないほうがいいでしょう
帰ってきたら上がってたらいいなーアハ

はい
わかりました
海外旅行へ行く時には建玉は手仕舞っておきます

## 戦場に出る前に武装しよう

株式市場はいわば戦場です皆が一攫千金を虎視眈々と狙っています
そんなところにろくな知識も持たずにフラーっと出ていったらどうなるでしょう
やっぱりこわいですよね
プロを相手に勝負をしなければいけないんですから

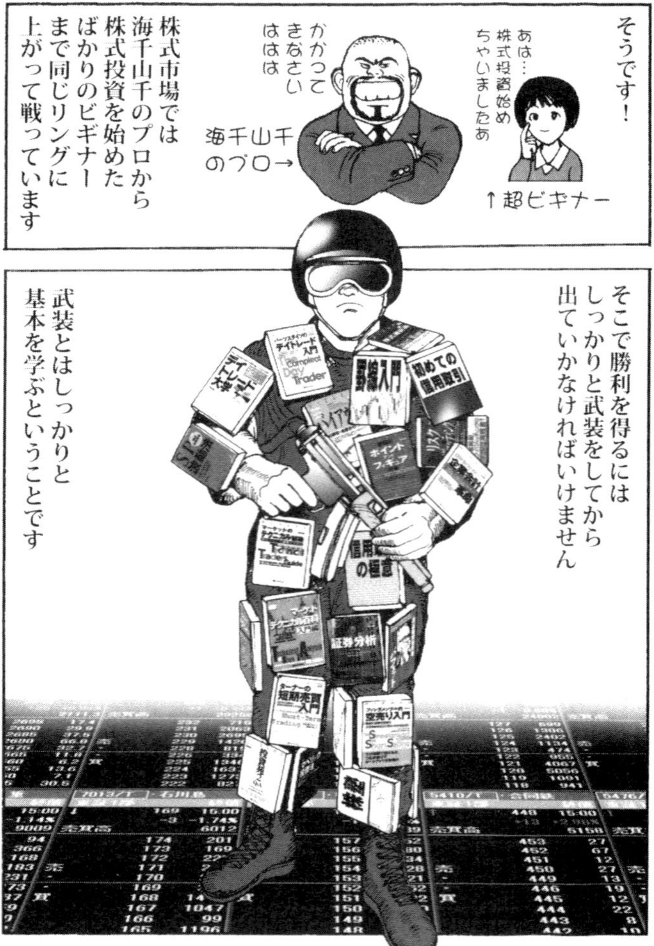

そうです！
あは…株式投資始めちゃいましたあ
↑超ビギナー
かかってきなさいははは
海千山千のプロ→
株式市場では海千山千のプロから株式投資を始めたばかりのビギナーまで同じリングに上がって戦っていきます
そこで勝利を得るにはしっかりと武装をしてから出ていかなければいけません
武装とはしっかりと基本を学ぶということです

信用取引を理解するのは簡単なことではありません覚えなくてはならないことがたくさんあります
逆日歩、現引、現渡、つなぎ売り、日証金残、三市場残、追証、委託保証金維持率、ｅｔｃ…
現引　現渡
つなぎ売り　日証金残
追証
だいたい持っていない株がどうして売れるのか…空売りの仕組みを理解するだけでも大変です

だいたいですが理解できたと思います
これからもっと勉強して儲けたいです！
そうですね今日私が話したことは基礎の基礎ですから
この後は皆さん個々に勉強してください
そしてある程度信用取引というものが理解できたら
戦場に出てください
ただし！

いきなり大きな勝負をするのは避けて…
まずは少ない資金でトレーニングを積んでください
負けても諦めのつく金額で経験を積んで自信が出てきたら投資金額を増やしてください
知識もないのにいきなり…
えーい！株は度胸だ一発大勝負！
なーんてことはしないでくださいね
大切な財産をなくしてしまうかもしれません

さあこれで私の話は全部終わりました
どうですか？信用取引というものを少しは理解していただけましたか？
はい私はやっぱり空売りに挑戦してみたいです
委託保証金30％…委託保証金維持率20％

つなぎ売りで長期投資じゃな気に入った
二階建てはこわいぞー…ですね
追証がかからないように担保は現金
三市場残のデータの読み方覚えなきゃ…

皆さん
ずいぶん詳しく
なられたよう
ですね
それでは
これで本日の
オフ会
信用取引入門を
終わります
大金先生
ありがとうござい
ました！
皆さん大いに
儲けてください
グッドラック！

## ■著者紹介

てらおか みちお

1948年9月20日生まれ。ソニー株式会社宣伝部にグラフィックデザイナーとして10年間勤務。退職後、漫画原稿の持ち込みを始める。主な作品に『マンガ 投資力を育てる魔法のノート』『マンガ バリュー株 カンニング投資法』『マンガ 不動産投資入門の入門』（いずれも原作：石川臨太郎）『マンガ 生き残りの株入門の入門』(原作:矢口新)――パンローリング刊ほか、『アミ in Tokio』(双葉社)、『少年野球』（監修：王貞治、集英社)、『MAKIKO』（原作：工藤かずや、リイド社)、『あいつの四季報』（秋田書店)、『ポッキンルージュ』（竹書房)、『ビンカン・うさぎ・ロード』（ぶんか社）など多数。趣味はジャズ。

## ■参考文献


楠雄治・福永博之・倉林るみ子『信用取引入門［改訂版］』（パンローリング・2003）
中島勲 『これならコワくない 信用取引のはじめ方・儲け方』（日本実業出版社・2002）
石井経済研究所 『個人投資家のための信用取引の儲け方』（明日香出版社・2004）
新井邦宏 『株式投資が変わる！信用取引実践バイブル』（投資レーダー・2002）
松井証券メルマガ編集局 『信用取引の達人』（シグマベイスキャピタル・2001）
三木彰 『カラ売り入門』（同友館・1999）
東京証券取引所ホームページ　http://www.tse.or.jp/
日本経済新聞


チャート作成ソフト：チャートギャラリー（パンローリング）

〔参考文献〕

『早わかり信用取引』
磯山　和大著
パンローリング
定価1，800円＋税

**【信用取引の正しい知識が身につく！】**

『早わかり信用取引』は信用取引の概要をはじめ、空売り・つなぎ売り・レバレッジなど、信用取引の仕組みから取引方法まで、わかりやすい文章と豊富な図解、また付録のＤＶＤで優しく解説されています。

基本ルールから実践テクニックまで、文章・図解・映像を活用して３段階で学べる、初心者にも学びやすい一冊です。

さらに、それぞれ著作も多い、日本のトレード界で活躍する、鈴木一之氏、田平雅哉氏、廣重勝彦氏、福永博之氏、藤ノ井俊樹氏の「信用取引インタビュー」も掲載。

信用取引のさらなる知識を増やすために、是非、参考にご覧ください。

※文庫化にあたり、本書のコラムは『早わかり信用取引』から引用させていただきました。

2008年4月9日 初版第1刷発行

PanRolling Library⑬

マンガ 資金力《しきんりょく》3倍《ばい》トレードの心得《こころえ》

－まるまるわかる信用取引－

著　者　てらおか みちお

発行者　後藤康徳

発行所　パンローリング株式会社

〒160-0023 東京都新宿区西新宿7-9-18-6F

TEL 03-5386-7391 FAX 03-5386-7393

http://www.panrolling.com/

E-mail info@panrolling.com

装　丁　パンローリング装丁室

印刷・製本　株式会社シナノ

ISBN978-4-7759-3049-6



本書はパンローリングより刊行された『マンガ 信用取引入門の入門』を文庫収録にあたり、加筆、再編集し、改題したものです。なお本書の事柄は特に断りのないかぎり2004年11月時点のものです。企業名・サービス・商品名等は変更の可能性もありますので、予めご了承ください。

## PanRolling Libraryシリーズ

孤高の相場師
### リバモア流投機術
著者：ジェシー・リバモア
定価：700円＋税

相場の世界に一人で立ち向かった彼が独自の手法や相場観、そしてリスク管理などを記したリバモア流相場の極意書である。

マンガ
### 伝説の相場師リバモア
著者：小島　利明
定価：648円＋税

伝説の相場師ジェシー・リバモアの天才的な相場観と、大成功からの破産そして復活を繰り返した波乱に満ちた人生とは！

マンガ
### 決算書でわかる株式投資入門
原作：山本　潤／作画：小川　集
定価：648円＋税

企業が発表する決算書のウソはポイントさえ知っていれば、見破ることができる。本書では実例を使って、実践的かつ分かりやすく解説。

マンガ
### なぜ巨大企業はウソをついたのか
脚本：清水　昭男／作画：広岡　球志
定価：648円＋税

企業が発表する決算書のウソはポイントさえ知っていれば、見破ることができる。本書では実例を使って、実践的かつ分かりやすく解説。

### FX市場を創った男たち
監修：小口　幸伸
定価：700円＋税

外国為替市場の歴史とディーラーたちの足跡。百戦錬磨の日本人トレーダーたちは相場の重大局面で、何を見て、どう考え、いかに行動したのか！